JN288868

がえれ球音

これでいいのか プロ野球の応援

球音を楽しみたい会
渡辺文学 編著

花伝社ザイヤ新書
KADENSHA ZAIYA SHINSHO

はじめに

私は、大の野球ファンである。小学生時代、あまり運動神経が発達したほうではなかったが、六年生くらいから三角ベースで野球を覚え、中学校から野球部に入部。以後、高校、大学と硬式野球で七年間たっぷりと汗を流し、社会人になってからは、東京日産自動車販売㈱で三年半と、都合一三年半の野球人生を楽しんできた。

その後しばらく野球から遠ざかっていたが、四七歳頃から、レッドパワーズという名の草野球チームに加わり、毎年約二〇試合ほど出場、また時々審判もやったりして、野球に関わってきた。野球は、私にとって人生の一部であり、最大の楽しみと言ってもよいだろう。

こんなわけで、シーズンになればテレビの野球中継を見るのはもちろん、球場にも時々足を運んでいた。

ところが、いつも気になっていたことは、球場の「騒音」問題だった。のべつ幕なしのカネや太鼓、トランペットなど、鳴り物入りの応援合戦にはいつも顔をしかめながら観戦していた。

野球は推理するスポーツで、静と動が組み合わされた実にユニークなゲームなのだ。一瞬の静寂が最高のプレーと感動を生み出す。鳴り物入り応援は、この野球の醍醐味をぶち壊すものに外ならない。

近年、この応援スタイルが各球場ともますますエスカレートし、特に今年の甲子園球場の過熱ぶりは、過去最高のものと言っても過言ではないと思う。


この問題はなんとかしなければならない。なんとかならないだろうかと思うようになってから、いろいろ注意して新聞や週刊誌等を見ていると、さまざまな分野で活躍されている識者やジャーナリストの方々が、私と同じ思いを抱いてコラムやエッセイを執筆されていることに気がついた。また新聞の投書欄にも、私と同様の不愉快な思いをされたり、改善すべきだという意見を目にする機会が増えてきた。私は、これらのエッセイや投書などを、気がつくかぎり、丹念にスクラップし、ファイルを行ってきたのである。

また、この「騒音問題」を解決するために、ささやかな働きかけも開始し、プロ野球関係者に要望書を送付、さらに「球音を楽しみたい」という趣旨で準備会を発足させたりもしてきた。

特に最近、米大リーグの「ベースボール」をテレビで見る機会が増えるにつれ、スタンドの応援スタイルを、なぜ日本の「野球」でも見倣うことができないのか、そして、この「騒音問題」を放置することは、プロ野球の自殺行為ではないかという思いを強く抱くことになったのである。

本書は、これまでの活動の一端を踏まえて、この鳴り物入り応援見直しの問題をプロ野球ファンを始め、野球関係者やマスコミにも広く世論を喚起するため、まとめさせていただいた。

花伝社の平田勝社長にこのファイルや、これまでの取り組みを紹介させていただいたところ、全面的なご賛同をいただき、さっそく識者の方々に、これまで執筆されたエッセイなどの転載をお願い申し上げたところ、快諾を賜った。

「騒音問題」の解決を目指して、今後とも暖かいご支援とご協力を心から期待し、真の野球ファンの方々と〝共闘〟させていただきたいと念じています。

二〇〇三年七月

渡辺文学

よみがえれ球音――これでいいのか プロ野球の応援――

目次

「プロ野球の応援合戦を考える会」の結成をよびかける……59
野球を楽しむ――私の野球歴……63
プロ野球の発展のために……72

Ⅱ 鳴り物入り応援廃止論――球音を楽しむ

騒々しい野球応援は転換期に●武田五郎（元大洋球団社長）……88
三行半の下書き●井上ひさし（作家）……90
一瞬の静寂こそが最上の瞬間 鳴り物応援はやめるべき●豊田泰光（野球評論家）……101
日本の私設応援団はいらない●大橋巨泉……105
騒ぎたいならカラオケに行け●二宮清純（スポーツジャーナリスト）……107
プロ野球を毒す騒音と強要●中田喜直（作曲家）……111
ナゴヤ球場●江口圭一（歴史学者 愛知大学名誉教授・日本近現代史）……115
野球は静かに味わおう●富永俊治（新聞記者）……117

かき消される「競技音」●増島みどり（スポーツライター）……122
球場における「自然の音」●工藤均（新聞記者）……125
ラッパ応援は御免　自前の声で盛り上げよう●岡田忠（スポーツライター）……130
危険なファウルボール●生島淳（ノンフィクション作家）……133
応援団の騒音公害、TV中継の尻切れ、これだけはやめて●高田実彦（新聞記者）……136
球音を楽しまない自由●藤島大（スポーツライター）……139

あとがき／143

●参考文献・新聞など／149
●【球音を楽しみたい会】（準備会）について／150
●資料編／152

Ⅰ

私設応援団はいらない——プロ野球の応援をみなおす

渡辺文学

アメリカ大リーグでは

「ベースボール」発祥の地アメリカでは、スタンドの「騒音」問題はどうなっているか。

数年前、野茂投手の大リーグ入りを契機に、アメリカ大リーグのゲームが頻繁に日本のテレビでも観戦できるようになってきた。しかしそこには日本のスタンドのような騒がしい応援合戦は全くなく、自然の声、拍手、歓声、野次、ブーイングなどが実に新鮮な感じで表現されており、「鳴り物」の類は、打者がバッターボックスに入る直前に流れるジャズやパイプオルガンの軽快な音楽ぐらいで、バッターが構えて、ピッチャーが投げるその瞬間は、スタンド全体がシーンと静まりかえっている。

バッターが打つ打球の音、見逃したときのミットの響きも心地よく聞こえ、その後のスタンドのどよめきや声援に対して、「これが野球の醍醐味」と思いながらテレビを見ていた。

そして二〇〇一年からは、イチロー選手の活躍によって、さらにその感がいっそう強まった。

イチロー選手の感想

いま、連日、松井選手、イチロー選手の活躍ぶりが大きく報道されている。では、大リーグで活躍する両選手は、「鳴り物」についてどのように考えているのだろうか。

イチロー選手は二〇〇三年一月の読売新聞スポーツ面での連載企画インタビューで、次のような感想を述べている。

――守備範囲が広い理由は？

「この投手とあの打者の対戦だと、どういう打球が来るだろうと予測をする。自分が持っている感覚です」

――一回から九回までの全投球で予測しているんですか？

「もちろんです。打球が来なくて立っているだけの日もあって、外野手は随分楽だと思われているかも知れない。でも、実はいろいろなことを考えているので疲れるんですよ。打球がポンポンポン飛んで来るポジションの方が、頭は疲れない。僕らは体は疲れなくても、頭がやけに疲れるんです」

――考え過ぎて、それが迷いにつながることは？

「アメリカでは、あまりありません。日本だと過度の応援で打球の音が聞こえず、迷うことがありました。この打球が詰まっているのか、勢いのある力のある打球なのか、判断がしづらい。力のある打者が思い切り振った時、音が聞こえないため、実際は詰まっているのに、一歩下がってしまったりとか。アメリカでは、必ず打球の音が聞こえます」

二〇〇一年四月のアスレチック戦。一塁から三塁を狙ったランナーを強肩で刺し、「レーザービーム！」と実況されたのは、鳴り物のない大リーグだからこそ……、と私は確信している。その後も、イチロー選手のライトからサードへ、あるいはホームへの矢のような送球は、このコメントで納得できる。

松井選手は、二〇〇〇年六月一四日の東京ドームでの「鳴り物」応援が自粛された「球音を楽しむ日」のゲーム終了後、やはりこう語っている。「守っている時は鳴り物がない方がいい。声の連携ができるから守りやすいんですよ」と。

イチロー選手も松井選手も、この場面では「守り」のことしか語っていないが、私は、

郵 便 は が き

料金受取人払

神田局承認

4603

差出有効期間
平成17年 8 月
1 日まで

101-8791

007

東京都千代田区西神田
2-7-6川合ビル

㈱花 伝 社 行

お名前《ふりがな》 電 話
ご住所（〒 ） （送り先）

●新しい読者をご紹介ください。

お名前 電 話
ご住所（〒 ）

愛読者カード

このたびは小社の本をお買上げ頂き、ありがとうございます。今後の企画の参考とさせて頂きますのでお手数ですが、ご記入の上お送り下さい。

書　名

本書についてのご感想をお聞かせ下さい。また、今後の出版物についてのご意見などを、お寄せください。

●購読注文書

ご注文日　　年　　月　　日

書　名	冊　数

代金は本の発送の際、振替用紙を同封いたしますのでお支払い下さい。（3冊以上送料無料）

なお、御注文はＦＡＸ（03－3239－8272）でも受付けております。

むしろ「打撃」の際の騒音の方が問題ではないかと思っている。

例えば、ゴルフのパット、テニスや卓球のサーブの場面を頭に描いていただきたい。もし観客がザワザワと騒いでいたり、カメラのシャッターの音がパシャパシャ聞こえていたら、ゴルファーの場合は、パターを構えることをやめ、テニスの場合は審判が「静かに」とスタンドに注意する。

野球の場合、投手があの固い小さなボールを、時には時速一四〇キロ、一五〇キロというスピードで、ストレート、カーブ、シュート、フォークボール、シンカーなど、いろいろ考えて打者に向かってくる。あの小さなボールに対して、全神経を研ぎ澄まして「打つか」「待つか」、瞬時に判断しなければならない打者が、プカプカドンドン耳に雑音が入って来るのはどう考えても不自然な状態ではないか。それこそ、一秒の何分の一かの脳からの指令で「打つか」「待つか」を判断するのに、「鳴り物」はどう考えても必要ない。

最近、デッド・ボールが多いのも、この「鳴り物」によって、神経が邪魔されており、判断力が鈍っているのが原因ではないのか。

テニスの試合のように、投手が投げる瞬間、「静かにして下さい」とアナウンスされる日があってもよいとさえ考えてしまう。

アメリカ大リーグでは、イニングの合間にジャズ演奏やパイプオルガンが「音」を奏でるが、打者がバッターボックスに入って、投球を待つ動作をした瞬間に、その音楽はピタリとやむ。その静寂をつき破るのが、打者が見逃してボールがミットに収まるパーンという音であり、あるいはバットにボールが当たる「カーン」という乾いた音である。そして、スタンドの拍手や歓声や野次が、「ベースボール」の楽しさを演出する。

ところが日本の「野球」は、のべつ幕なしに「騒音」が満ち溢れており、拍手や歓声、野次をもかき消してしまうのだ。

これでは、選手も真の野球ファンも救われない。

野球は、サッカーやラグビー、アメリカン・フットボール、バスケット、バレーなどと違って、静止する場面のある、言葉を変えれば推理する面白さのあるスポーツなのである。「プレーは静かに見て結果が出たときに惜しみない称賛の拍手を送る。素晴らしい選手やチームはスタンディング・オペレーションでたたえる。これこそが正しいファンのあり方でしょう」と大リーグ解説者の福島良一氏は指摘している。

松井選手がヤンキースに行き、マリナーズのイチロー選手ともども、今年からは一層大リーグの野球放送が増えてきた。これだけ多くの大リーグの野球中継を見ていながら、日本の野球関係者は、なにも思わないのだろうか。良いことを学んで、取り入れるのが、日本の野球を発展させてきた原動力ではないか。

私設応援団のリーダー、関係者は、カネ、太鼓、トランペット、メガホンを持って、一度アメリカに行って、どこかの〝球場〟で実演して見たらよい。多分、全観客を敵として、盛んなブーイングを受け、ほうほうの態で日本に逃げ返って来ることだろう。

〝野蛮国ニッポン〟の象徴的応援スタイルとして、笑い物になるのは火を見るより明らかである。

第二部で紹介させていただくが、数多くのジャーナリストや識者がこの野球場の騒音問題、鳴り物入り応援のあり方について、様々な苦言を呈されている。

スポーツライターの岡田忠氏は、「ラッパ応援は御免　自前の声で盛り上げよう」と題して、以下のコラムを書いている。

「球場は独立した社会である。熱狂的な集団や家族連れ、ひと仕事終えて駆けつけた人たちゃ仲良しグループ、恋人たち。さまざまな人が集まっていて、楽しみ方もそれぞれ違う。となると、鳴り物の応援は禁煙か喫煙かの問題に似てくる。『ひとりでも不愉快なら、みんなやめよう』とするスタンスか、『ひとりよければ、みんなもいい』となるのか。大リーグのほとんどの球場はトランペットなどの鳴り物の持ち込みを禁止しているから、『嫌煙権』の行使に当たるが、ラッパが主役の日本は、演奏そのものを楽しんで、それが今ふうの応援スタイルと思っているふしがある。イニングの合間にしゃれたジャズ演奏が流れるのとは違って毎シーズン、相も変わらぬ耳に突き刺すような音を左翼と右翼から交互に吹き鳴らされては、できることなら〝嫌音権〟を行使したい。（中略）プロのバロメーターは拍手と声援。試合を盛り上げるための鳴り物は必要ない」

と、厳しく日本の応援合戦を批判している。

産経新聞編集委員の富永俊治氏は「野球は静かに味わおう」というコラムで、やはり次のように述べている。（要旨）

「プロ野球開幕である。何が憂うつかといえば、のべつ幕なしに鳴り続けるトランペットの音がそれだ。ゲームそっちのけの無神経な音は、私に言わせれば拷問にも等しい一大騒音なのである。(中略) いったい、いつからだろうか、プロ野球が喧騒（けんそう）のもとで行われるスポーツに成り下がったのは。グラウンドいっぱいにボールが前後左右するサッカーやラグビーとは異なり、野球はバッテリーと打者との駆け引きを中心に、推理の要素が極めて大きい球技である」

と、明快に「鳴り物」を否定しておられる。

海老沢泰久氏は、その著書の中で、「三〇年前、ぼくはなつかしくもジャイアンツの熱烈なファンだったが、後楽園球場の一塁側の内野席にすわるのはいやでたまらなかった。私設応援団と称する中年男たちがそこに陣取り、口に笛をくわえて、その笛の音に合わせて三三七拍子をするように強制していたからだ。ファンなら誰でもそうすべきだと信じこんで疑わないその鈍感さと傍若無人ぶりにどうしてもなじめなかったのである。」(『巨人がプロ野球をダメにした』) と語っておられる。

禁煙・嫌煙権運動を熱心に応援して下さった作曲家の中田喜直氏は、大のプロ野球ファンだった。氏は自著の『音楽と人生』の中でやはり「プロ野球を毒す騒音と強要」という一項を設け、産経新聞への寄稿を紹介している。(要旨)

「例えばテニスで、サーブを打つときの緊張した一瞬に、笛や太鼓でドンドコドン、ブラスバンドでチャッチャカチャーとやったらどうなるだろう。テニスやゴルフでは、そんなやかましい応援はすべて禁止されているし、また、スポーツが本当に好きで愛情を持っている人は、静かに見ていて、素晴らしい場面のときに初めて大きな拍手をする。これが本当の応援である。(中略)応援団がないと野球は出来ないのか。そんなことはないはずで、私は今の応援団なら、ない方がいいし、チェンジのときにブラスバンドが演奏するような、礼儀と節度を持って欲しい。責任ある機関がその点の規制やルールを作ったらどうだろう。私は、野球が騒音応援団に毒されない、本来の最高に素晴らしいスポーツの形に、早く戻ってもらいたい、と思っている」

と、指摘されている。

トランペットはいつから

最初にトランペットを導入したのは広島カープの応援団で、一九七八年夏というのが定説だ。当時の四番バッターだった山本浩二選手（現広島監督）のファンクラブにいた地元大学のブラスバンド部の学生が「浩二マーチ」を作曲、すぐに「（衣笠）祥雄マーチ」もできたという。

それまで球場での鳴り物は太鼓にカネ、笛だった。その時期、広島カープの応援団幹事長だった新藤邦憲氏は「トランペットは趣味の延長で騒音のことも頭をかすめたが、二本ぐらいなら、と許しました」と語っている。しかし、ラッパはまたたく間に他球場にも広がってしまった。

私は、この新藤氏の〝許可〟を実に残念に思う。もし、この際「これ以上の〝騒音源〟を認めない」というスタンスをとっていたら、こんな惨状にはなっていなかったのではないだろうか。

後楽園球場、横浜市民球場、神宮球場、その他どこの球場でも、私設応援団が外野席の真ん中あたりに陣取り、カネ、太鼓、トランペットの鳴り物を自チームの攻撃の際には、のべつ幕なしに鳴らしている。さらに加えて、メガフォンである。昨年、後楽園球場の三塁側スタンドで巨人対横浜戦を観戦したが、すぐ後ろの席でガンガンと先割れメガフォンを鳴らして応援しているのだ。右後ろの席だったので右の耳がしばらくの間おかしくなってしまった苦い記憶もある。誰があのような「先割れメガフォン」を開発したのか。全く理解に苦しむのだ。

町の騒音、交通機関の騒音

野球場の「鳴り物」もさることながら、日常生活の中での騒音も日本はひどい。作曲家の藤田崇文氏は、読売新聞の「『騒々しいニッポン』――公共の場の静寂求め、調査し規制呼びかけ」と題するインタビューの中で、「不快な音は聞きたくない」と、以下のようなコメントを述べている。

「駅の音楽は、音楽用語で言えば「不完全終止」が多い。言葉に文法があるように、音楽にも規則があり、ハ長調で始まった曲はハ長調で終らなければならないのに、そうではない。最後の単語を話さないで会話が途切れるようなもので、不快。しかも、停車時間の都合で、不完全な音楽でさえ途中でプチッと切れてしまう。我慢なりません」

「音楽の感じ方は人それぞれでしょうが、私は公共の場で強制的に聞かされる音楽はすべていやなんです。見たくないものは目をつぶればいい。でも、音はいや応なく耳に入ってくるでしょう」

などと語り、インタビューの最後にはこう締めくくっている。

「日本人は本来、静寂を好む民族だったはずです。環境や文化を語る時、音についても考える時期にきているのではないでしょうか」

私は、この藤田氏の意見に大賛成である。ところが、相当長い記事の中で、野球場の「鳴り物」問題については、全く触れられていないのが残念だった。

藤田氏は、多分野球場に行かれたことがないのかもしれない。もしスタンドに行って、三時間以上もあの「騒音」を体験されたら、もう二度と野球場には足を運ばないと思う。（三時間もガマン出来ませんね。多分、一イニングの終了時点で、球場を後にするでしょう）

もうお一人は、電気通信大学教授の中島義道氏である。氏は『騒音文化論』という本を書かれ、その中でやはり、駅のアナウンス、電車内の案内、デパートのアナウンス、政党の街頭演説、選挙カーの流し、焼き芋屋や竿竹屋、廃品回収業者の自動車からの大きな声など、日本社会の隅々まで「騒音」に溢れかえっている実態を詳しく調べ、その全ての音に対して「異議」を申し立てている。

前出の中田喜直氏も、野球の応援について、

「笛、太鼓、トランペットなどの非常にうるさい応援も、あれでいいんだ、という人も沢山いる。うるさいからやめるべきだ、という人も沢山いて、それが半々位としても、どちらにすべきか、という時は、やめる方が正しい。しかし現在は反対になっている。プロ野球ではネット裏、内野席では、笛、太鼓の応援は出来ないようだ。うるさいから当然である、という正しい理由があるなら、外野席でもうるさくて困る、と思っている人も沢山いるのだから変な話だ。(中略)肉声の応援はかまわないのだが、肉声の音量をはるかに超えた楽器等の応援は騒音と同じであるから、やめた方がいいのである」(『音楽と人生』)

と手厳しい。

サックス演奏者の中村誠一氏も次のように指摘されている。

「なんたって、野球場の太鼓ほどうるさいものはありません。非音楽的なことこの上ないんであります。いい音を出そうなんて気持ちで叩いているんじゃあない。ただ思いきりひっぱたいているんですから、隣にいた日にゃあたまりません。野球どころじゃあない。応援団の奴共に金返せと怒鳴りたい位であります。

私も野球が好きでありますから、たまには見に行きたいなあ、などと思うんでありますが、あのウルサイ応援団のことを思うと、つい二の足を踏むんであります。」(『サックス吹きに語らせろ！』)

前出の中島教授の「告発」の中には、残念ながら野球場の騒音問題について、三〇〇頁以上もの紙数を費やしていながら、一行の指摘もなかった。

私は、感想文とともに「野球場の騒音問題」について指摘し、今後、このカネ、太鼓、トランペットなどの音の暴力も視野に入れて頂きたい旨、丁重な手紙を送ったが、なしのつぶてだった。

多分中島氏も、野球については全く興味がなかったのであろう。残念な気持だった。

下田コミッショナーの提言

プロ野球歴代コミッショナーの中で、ただ一人、野球場の〝鳴り物入り応援〟を排除しようとした方がいた。第七代の下田武三コミッショナー（元駐米大使）である。氏は一九八四年（昭和五九年）に「応援倫理三原則」を定め、節度ある応援を呼びかけた。

その骨子は、①他人に応援を強要しない②他人の耳をつんざくカネや太鼓を鳴らさない③他人の目を覆う大きな旗やのぼりを振らない――というものだった。二年後の一九八六年にはさらに②の項にトランペットが加えられた。これらに違反したら、球場から退場しなければならないという、厳しい内容だったのである。

当時、すでに熱狂的な応援スタイルが定着しており、当然のことながら各球団や関係者の強い反発もあって実現しなかった。

野球協定が定めているトップの提言に、全く耳を傾けなかったのはどうしてなのか。

『日本プロフェッショナル野球協約２００２』の第二章第八条に「コミッショナー」の権

限が定められている。

(1)コミッショナーは、日本プロフェッショナル野球組織を代表し、これを管理統制する。

(2)コミッショナーが下す指令、裁定、採決ならびに制裁は、最終決定であって、この組織に属するすべての団体と個人を拘束する。

ところが、野球評論家の豊田泰光氏は、コミッショナーやリーグ会長は「お飾り」なんだと厳しく指摘する。各界の有識者にその地位に座ってもらっているが、実際は権限は与えられていないという。その証拠として、昨年のベイスターズの株譲渡の問題を挙げている。これは、いったんマルハからニッポン放送への譲渡が決定し、プロ野球実行委員会も認め、川島コミッショナーもその旨会見を行ったが、ジャイアンツのオーナー渡邉恒雄氏から「野球協約違反だ」と抗議されると、その決定を撤回。結局その株はＴＢＳに譲渡されることとなった。

確かにこの件は、厳密に言えば協約違反である。しかしそうであれば、なぜ実行委員会、あるいはコミッショナーが指摘できなかったのか。また、最終決定機関であるコミッショナーが決めたことが、なぜ簡単にひっくり返ってしまうのか。日本のプロ野球界は、ごく一部の力を持った球団オーナーの意向によって左右されていると、豊田氏は近刊の『憂球』で手厳しく批判している。

そして、下田武三コミッショナーについて、以下のように述べておられる。

「プロ野球の発展を考え、その権限に見合った指導力を発揮された歴代ただ一人のコミッショナーです。（中略）下田氏は六年間、『汚い、醜い、曲がったことのない世界にしたい』と、自らの信念である〝公平の原則〟に基づき突き進んだ。圧縮バット禁止の通達を出し、飛ぶボールを追放。パ・リーグだけで採用していたＤＨ制度も、コミッショナー裁定で四年越しの懸案だった日本シリーズ実施が決まった。球場の統一野球規則にのっとり、甲子園球場のラッキーゾーン撤廃も求めた。これは、在職中に実現しなかったが、一二年後に撤廃となった。各球団五〇〇〇万円の分担金制度を整備して、今日の野球機構の財政基盤を築くなど、当時の球界の改革を先頭に立って行った」（『憂球』より）

この下田コミッショナーは、二期六年間務めたあと、続投を望む声が多かったにも関わらず、一部の球団オーナーの支持を得られず三選はならなかった。

もし同氏が三期目もコミッショナーとなっていたら、〝鳴り物入り応援〟も禁止されていたかも知れず、残念で仕方がない。

「球音を楽しむ日」

二〇〇〇年六月一四日、東京ドームの巨人・横浜戦が、いつものカネ、太鼓、トランペットの「鳴り物」が自粛され、大リーグと同じ白球がミットに収まる音、バットが弾き出すカーン、キーンという乾いた音が球場にこだました。題して「球音を楽しむ日」。長島茂雄監督のネーミングだったと聞く。

その年の巨人軍選手会長は桑田真澄選手で、選手会を代表して私設応援団に要請したという。

スポーツライターの藤島大氏は、東京新聞六月二〇日号のコラム「スポーツが呼んでいる」で、「球音を楽しまない自由」と題して次のような提言を行っている。

「当日、ネット裏ではなく、右翼外野席最後尾の通路で観戦してみる。耳を澄ませば革のミットの発する反響が聞こえてくるはずだった。だが、正直に書けば回が進むにつれ、せわしなくオレンジ色のメガホンをぶつける乾いた音(これも鳴り物である)、それに巨人圧勝の展開に緊張を失った私語に周囲は包まれた。オレンジの背中に『闘魂』。いつもはトランペットの旋律に陶酔する応援団はマナーを守った。ミスターに『球音を』と呼びかけられては、おとなしくするほかない。ぐっとこらえてわが身を合わせよう。なんだか餓鬼大将が、静かに教室の席についているような雰囲気もなくはなかった。

三年前の夏、ヤンキー・スタジアムで伊良部秀輝を眺めた。本場スタジアムに私設応援団はない。あるのは『私』だけである。したい時に、好きな方法で応援する。伊良部の球速ほどの体重はありそうな隣の席の男は、一人でバリエーションに富んだやじを送り、七回、有名な国民歌『私を野球に連れてって』が流れるや踊りながら歌い始めた。（中略）

翻って、わが日本国の応援事情は画一に過ぎる。のべつまくなしの笛太鼓。組織内の上下関係。サッカーは洗練の度を深めてはきたが、それでも『私』の影は薄い。観戦中にミネラルウオーターに口をつけたら、応援リーダーに『選手が頑張っているのに水を飲むな』と怒られた。いささか旧聞だが、〝ドーハの悲劇〟のころ、そんな逸話をコラムニストが書き残している。

東京ドームであらためて感じたのは、『なんと野球を見ていない人間のたくさんいることか』である。左斜め前の若い男はひたすら線を引きながら本を読んでいる。失礼ながら書名を盗み見ると、医学生なのだろう、『よくわかる最新医学うつ病』とあった。小林多喜二も苦笑する札幌名物『蟹工船弁当』を求める列。せっかく眼前に本物があるのに通路のテレビのモニター画面を見上げる人々……」

いったい、何のために、お金を払って球場に足を運んでいるのか。翌日、いくつかの新聞に載ったファンの声を紹介してみよう。

「本来、野球は考えながら見るスポーツ。それが最近の球場では、応援団の鳴り物がうるさくて考える余裕が持てなかった。きょうは一球一球、次は何を投げるか、それを打者がどう打つかを推理できる」（五五歳のサラリーマン）

「それにしても、打球の音ってこんなによく聞こえるものなんですね。カキーン！って大きな音が外野まで聞こえてくるんで驚いた」（四三歳のサラリーマン）

「鳴り物がうるさくて、足が遠のいていました。新聞で鳴り物がないって知って、久しぶりに主人と一緒に来ましたが、やっぱりいいですね。ぜひ続けて欲しいと思います」(三二歳・主婦)

巨人の選手も次のような感想を述べている。

「一つ一つのプレーにお客さんの反応がある。声援ってこういうものだったんだなぁと思った」(仁志選手)

「守っていて、ストライクが入ると拍手が聞こえる。じっと見られているんだという感じが強い」(元木選手)

「球音を楽しむ日」の命名者、長島監督もこう言った。

「ややもすると今は鳴り物の野球で、お客さんはずっとお祭りムードですが、われわれ玄人筋に言わせると、ミットにボールが吸い込まれる音、打球の音や高さ、そういうものの余韻に浸ると、われわれの時代はこれが魅力でしたから。ベンチですがすがしく、野球の原点に戻った雰囲気でしたね」(『日刊ゲンダイ』〇二・六・一六)

ではなぜ、このようにファンに喜ばれ、選手に評価されている鳴り物なしの応援スタイルが、たった一試合だけで、その後実行されないのだろうか。多くのプロ野球ファンが、そう思って残念がっているに違いない。

私はこの際、プロ野球機構でも、テレビ局でも、新聞社でもいいから、ぜひ大掛かりな「アンケート」を実施して頂きたいと思う。私は永い間、日本での禁煙運動にたずさわってきたが、例えばこれまで、「禁煙車拡大」とか、「禁煙席拡大」の際に、交通機関などは、相当念入りに「アンケート」を行ってきた。その結果として、新幹線の禁煙車がどんどん増えてゆき、航空機の禁煙席も当初二〇%位からスタートし、それが三割、五割、七割となり、ついには全席・全フライト禁煙となったが、その過程で、利用者へのアンケートがかなり重視されてきたのである。

ところが、プロ野球界は、これまでファンを増やす努力、気持ちよく観戦してもらうための努力を、真剣に行ってきただろうか。

ごく一部の私設応援団ばかりを重視して、組織されない「私」を大切にはしてこなかったのが実態である。

松井選手が大リーグに行って、連日テレビや新聞は、その活躍ぶりに大きなスポットを当てている。シーズンが始まったというのに日本のプロ野球は、何か地味な扱いで情けない。

こんな事態も、これまで、真の「野球ファン」を増やす努力を怠ってきたコミッショナー、セ・パ両リーグ関係者、選手会、報道機関など、全ての人の責任ではないか。もう一度原点に返って、「野球」を愛する人を増やす努力をすべきである。そのためにも、この「球音を楽しむ」応援方式をぜひ復活させるべきである。

「悪質極まる応援団の連中は、一日も早く排除してもらいたい」とは、プロ野球ファン吉川潮氏（作家）の切実な意見である。

危険なファウルボール

一九九五年の甲子園高校野球大会で、気の毒な事故が起きた。

新潟代表十日町高校の女子ブラスバンド部員が、応援中ファウルボールが右目に当たり、視力回復が困難な重症と診断された事件である。事故にあった生徒は楽器を弾いていたのだろう。もちろん両手はふさがっている。攻撃中だったから、楽譜を見ていたかもしれない。

この事故で、大会本部では次のような対策をとったという。

・出場校の控え部員にグラブをもって、バンドの周囲を警戒してもらう。
・バンドの位置を本塁寄りのフェンス際に寄せる。
・今後は、大会中フェンスを高くすることを協議する。

これでは根本的な解決にならない、とノンフィクション作家の生島淳氏は指摘する。同氏は、フェンスを高くするのではなく、なくせと強調する。そうすれば、誰もが警戒するだろうと言う。野球観戦が他のスポーツに比べ危険なことを認識すべきだとも語る。

長年、ホームランボールは、キャッチした人が持ち帰ってよいことになっていたが、ファウルボールがそうなったのは、昨年位からではないか。

大リーグでは、大人も子供もグローブを持って観戦している光景が目に付く。内野も外野もフェンスが低く、ファウルボールを受けるファンの顔は輝いている（ように見える）。

日本のグラウンドは、まるで刑務所だ。金網が高く、フェンスも高く、グラウンドとスタンドは全く隔離されていると言っても過言ではない。ここらにも「野球」と「ベースボール」の根本的な発想の違いがありそうだ。

もともと、スタンドにブラスバンドが入って、のべつ幕なしに演奏していること自体、間違っていると私は思う。

高校野球、大学野球、都市対抗、そしてプロ野球と、「鳴り物」を球場に入れるのをやめようではないか。

百歩譲って、どうしても演奏したいというのなら、イニングの合間に限ってみたらどうか。大リーグでも、チェンジとなったときからバッターがボックスに入るときまでは、ジャズなどの軽快な音楽が流されているが、バッターが構えるまでには、ピタリと音楽は止まり、手に汗握る静寂の場面となる。

こうなれば、ボールの行方に視線が集中し、たとえファウルボールとなっても、自衛策が生れる。多少手が痛くなっても、失明の危険や、顔面を襲うボールからは逃れることが可能なはずだ。

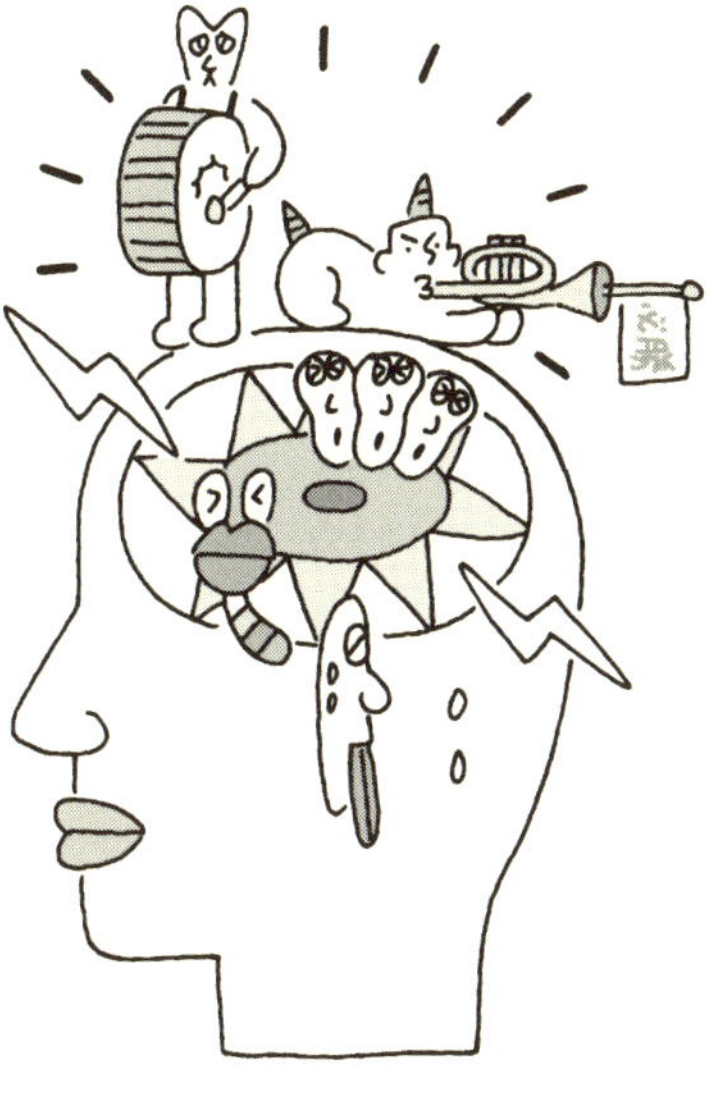

「私設応援団」の苦い思い出

数年前、横浜対中日のゲームで、横浜市民球場に行ったことがある。ナイターだったので、午後五時半ごろにレフトスタンドに行って、さて良い席を……と思い、空いていた真ん中あたりの席に座ろうとした途端に、横の方から声がかけられた。「そこは応援団の席で、もっと後ろの方に行ってくれ」という。ムカッときたがガラの悪そうなおっさんが七、八人でこちらをにらんでいる。楽しく野球観戦にきたのに、まずこれで気分が悪くなってしまった。

そしてゲームが始まると、中日の攻撃の際は、のべつ幕なしにカネ、太鼓、トランペットの応援である。それだけではない。大きな旗を盛んに振り回すのだ。せっかく良いプレーを見たいと思ってもすぐ目の前で左右に揺れる旗が気になってたまらない。

私設応援団については、東京ドームでの暴力団とのつながりが大きなニュースとして報道された。今年二月二〇日付けの読売新聞は次のように報じている。

「東京ドームで行われた昨年のプロ野球巨人対阪神戦で、暴力団組長、私設応援団員、球場警備員が共謀し、外野自由席を大量に席取りして繰り返し転売していた疑いが強まり、警視庁暴力団対策課と富坂署などは一九日、組長ら五人を東京都迷惑防止条例違反（常習ショバ屋行為）の疑いで逮捕した」とリード文で伝え、本文では暴力団組長でダフ屋、私設応援団リーダーと団員、阪神の私設応援団の団員、警備会社の警備員など五容疑者を逮捕したことを報じている。

この事件で読売新聞の本社広報部では、「結果的に違法グループの横行を許したことを、主催者としてお詫びします。今シーズンからは、外野席を全席指定席とし、再発防止に万全を期すとともに、子どもからお年寄り、遠隔地の方にも安心してゲームを楽しんでいただけるよう、ファンサービスに取り組みます」とコメントしているが、果たして「音の暴力」がなくなるのかどうか、注視していきたいと思う。この文面から推察すると、私設応援団の応援の強要はやれないと考えられるが、果たしてどうなるだろうか。

また、特にドーム球場の場合、構造的に音が球場内にこもってしまい、屋外のように拡散しないという宿命をもっている。したがって、遠い内野席まで、ひっきりなしの鳴り物入りの応援合戦は、一度気にすると、もういけない。かてて加えて先割れメガフォンである。どうしてあのような商品を創作してしまったのか。ただでさえうるさいところに、このメガフォンは、内野席での応援にも使用可となっている。イスの背や手摺りはもとより、自分の手の平にも打ち当てたりして、ひっきりなしにバカバカと叩いている。本当にバカとしか思えない。

結論を言えば、騒ぎの原因を作っている「私設応援団」の行動は即刻慎んでいただくよう検討を始めていただきたい。

野球は、何回も言うが「推理するスポーツ」なのである。一瞬の静寂が、手に汗にぎる最高のプレイにつながるのだ。

個人の意志で、応援するチームと選手に対し思う存分声を出し、拍手を送り、また時には相手チームのファインプレーをたたえたりするのが「野球」の本来の楽しみ方ではないか。

現在の応援スタイルは、どう考えても「贔負（ひいき）の引き倒し」でしかないと思えるが、この点は、選手や監督の率直な意見を聞いてみたい。「鳴り物入りの応援は好きなのですか?」と。

ここで、一二球団の中で、唯一「鳴り物応援」を行っていない応援団があることを忘れてはならない。それは、千葉ロッテの応援団である。

実は、今年の「毎日スポーツ人賞」の受賞者に、千葉ロッテマリーンズ応援団が選ばれ、一月二二日に都内のホテルで表彰式が行われた。毎日新聞運動部長の中島章隆氏は、一月二〇日の夕刊「特集ワイド」で以下のように述べている。

「文化賞は、単にスポーツを運動能力や技術、成績などでとらえるのではなく、社会にとって不可欠な文化活動として位置付けることから生れたものである。ロッテの応援が評価されたのは、他チームの応援団とはひと味もふた味も違う特色を持っている点だ。声援主体で、統制のとれた独特な応援スタイルに加え、試合後にそろってゴミの片付けをするマナーの良さ、相手チームの好プレーにも拍手を送るフェアな姿勢――といったプラスアルファがいくつもある。しかも、九八年にプロ野球ワースト記録の一八連敗を経験して、応援団としての結束が一層強まった、というのも泣かせる話ではないか。『負けてばかりだから、もう応援しない』という程度の、底の浅い快感追及型ファンとは、チームあるいはプロ野球への愛情の深さが全然違う」

実に素晴らしい応援団だと高く評価したいが、しかし私は、個人の意志で応援・声援を送る「大リーグ方式」に軍配を上げたいと思っている。

新聞の投書から

読者も気がついておられたかもしれないが、新聞の投書欄を丹念に見ていると、このプロ野球の応援問題についての投書が結構目につく。

以下、新聞の投書欄に載った声を紹介しよう。

●騒々しすぎるプロ野球の応援

今年も待ちに待ったプロ野球が開幕した。ファンにはたまらないシーズン到来である。

ところが、久しぶりに球場に足を運んでみると、そこには視界を遮る応援旗と耳をつんざかんばかりのトランペットが、私の試合観戦の邪魔をする。かたずをのんで見つめる戦況。その後に、静寂を切り裂く歓声、拍手……といっただいご味を味わうこともできない。

ボールがバットにはじかれる乾いた音さえ、彼らが「見事」にかき消してくれる。

もちろん応援の方法は各自さまざまで構わない。しかしそれは、人に迷惑を掛けない最低限のルールを守ったうえでのことである。

観客全員が君たちの演奏を聞きに来ているわけじゃない。

試合展開をはらはらしながら見つめることを楽しみに球場に来ている観客もいるのだから、そろそろ楽器を持つ手を休めたらどうだい。

●日本プロ野球不思議な現象

イチロー選手らの活躍により、大リーグへの関心がますます高まっている。それに反して日本のプロ野球は？

先日、招待券をもらって、妻と西武球場でプロ野球を観戦した。

最近はもっぱらテレビ観戦で、球場に足を運ばなくなって何年たつだろうか。足を遠くさせた要因は、入場料が高くなったことと、応援団の鳴り物がうるさい、の二つであった。

球場に着くと入場券売り場には長い列。でもよく見ると、列は招待券の引き換え窓口のみで、正規の入場券売り場は閑古鳥が鳴いている。球場に入ると七分の入りだが、そのうち九割近くが招待券での入場者。不思議な現象に思えた。

そして左右の外野席では鳴り物の応援団。うるさくて、野球に素人の妻に一つ一つのプレーを説明しても聞こえない。妻と早々に切り上げて帰ってきた。プロ野球関係者の皆さん、こんな現状でいいと思っていますか？

●五感駆使して日米野球を満喫

すべてテレビ観戦とはいえ、日米野球を満喫した。その理由を、私なりに記してみたい。一つは、野球の深さやダイナミズムが満喫できたこと。二つ目は、日本選手も日ごろのちまちま野球の呪縛から解放され、伸び伸びと持ち味を発揮してくれたこと。

そして三つ目は、ベースボールそのものを静かに、フェアに楽しんでいた観衆のマナーである。

その昔は、今のように鳴り物入りで組織的な応援がなかったため、ミットに吸い込まれる音や、バットの快音、球場全体が固唾をのむ瞬間など耳でも野球を堪能することができた。

今年の日米野球を見ていて、久しぶりに、かつての快感が戻ってきた思いだった。野球は静から動に入るスポーツである。鳴り物公害を排し、自分の五感を駆使して野球を見ることが、どんなに素晴らしいことか、そのことを今回の日米野球は教えてくれた。

●鳴り物禁止で球音が新鮮に

三月末に行われた日米野球と、大リーグ・カブス対メッツの開幕試合をテレビで見た。これらの試合はすべて大リーグと同様に「鳴り物禁止」であった。

キャッチャーが球を受けるときの「バシッ」という音、「ストライク」という球審の声。バッターが打ったときの「カーン」という音などが球場に響き渡っていた。そこに改めてプロの迫力が感じられ、また日本にない新鮮さを感じた。

一方、セ・リーグの開幕試合を見たが、そこにはすさまじい騒音があった。特に応援団の騒音がひどい。太鼓やトランペットの響き、メガホンをたたく音、「かっ飛ばせ！〇〇」という絶叫……。私には三〇分も耐えられない。この騒音にうんざりしている選手もいるに違いない。

日本も大リーグにならって鳴り物を禁止にすべきではなかろうか。この騒音の中で選手たちは、集中力を保つために、けん制球を投げたりバッターボックスを出たりし、このことが、試合時間を長くしている。

また、応援団の「自分のひいきのチームさえ勝てばいい」という態度が、ひどく子供じみて見える。

敵・味方に関係なく「プロの高度な技を楽しむ」という気持ちになれないものか。応援はチアリーダーだけで十分である。

●鳴り物は控えて野球を楽しもう

今年は松井が移籍したこともあり、大リーグのテレビ中継がさらに増えることだろう。日米の野球を見て、私が一番「違い」を感じるのは球場の雰囲気だ。米国では、いいプレーには惜しみない拍手が送られ、怠慢プレーには激しいブーイングが起きる。

たとえばイチローが塁に出ると、球場全体が静まり返る。盗塁への期待に、数万の観衆が息をのんでいる。その緊張感がたまらないと、イチロー自身がインタビューで語っていた。

それに比べ、日本の野球場はどうだろう。私設応援団の大音響が響き渡り、隣の席の人の話も聞き取れないことがある。ある時、私の隣で、父親が子供に話をしていた。かつての名選手や、感動した試合の場面などを語り伝えていたのだが、大音響の応援が始まると、父親は舌打ちをして話をやめてしまった。私は残念でならなかった。

日本でも何度か、試験的に「鳴り物」を使った応援をやめたところ、静かになった球場は好評だったという。どうしてこの試みを続けないのか。舞台の世界では、役者は客に育てられるという話を聞いたことがあるが、野球選手も観客に育てられるということがあるだろう。関係者には、応援のあり方を考え直すことを期待している。

●プロ野球観戦　応援団が悩み

プロ野球観戦で球場へ足を運ぶと、外野席から盛んな応援を目にする。その応援を取りまとめるのが私設応援団だ。

しかし、ここ数年の私設応援団は様変わりしている。東京ドームのライトスタンドの自由席は、巨人戦になると開場一〇分以内には満席になる。

私設応援団が自由席の半分以上を占有している。自由席は空席が多いが、その空席を私設応援団が余分に確保しているからだ。自由席は一人一席と球場でアナウンスされるが、球場の係員や警備員は見て見ぬふり。

応援団以外のファンもそれが慣例となっているため、当然のように思っているようだ。応援団に文句を言う人もいたが、暴言と脅迫に近い行為で相手にされなかった。

それを見ていた警備員も私設応援団の肩を持ち味方してくれなかった。この一件を目の当たりにし、外野席での観戦には一切行かなくなった。

ファンに観戦する公平な機会を与えるためにも、こうした応援団に対し、球団や関係者は厳重に取り締まるべきだ。

●騒々しすぎる野球実況中継

九月上旬に一週間、病院に入院しました。

ある時、テレビのプロ野球実況中継を音を消して見ていると、部屋を通りかかった看護婦さんが「個室ですから、大きな音でなければ出しても大丈夫ですよ」と言ってくれました。

しかし、消音の理由は、病室から音が漏れるのを心配したからではなく、アナウンサーや解説者、ゲストたちの「やかましさ」に耐えかねたからでした。

以前から野球や陸上、水泳などスポーツの実況放送は騒々しく、集中して観戦できないので、消音状態で見る方がいいと考えています。特にプロ野球は応援団がうるさく、音がこもるドーム球場の試合は見ていて、とても出向いて観戦する気になれないほどです。

また、音とは違いますが、米大リーグの放送中は、選手や監督の顔がアップになると、目をそらせてしまいます。

なぜなら、「大量につばをはく」姿が度々映るからです。

●応援の強要にしらけた観戦

先日、友人たちとプロ野球看板カードの巨人―阪神戦を東京ドームで観戦した。私はアンチ巨人だが、運悪く巨人ファンが陣取る外野席に座って試合を見守っていた。

しかし、そのうちに私の後方から応援団の罵声が飛んできた。私の頭をメガホンでたたきながら、「座って観戦するな」「お前が座っているから、試合が負けているんだ」

心外だった。静かにゲームを見たい。体調が思わしくなく立ち上がって観戦できない人もいるだろう。

様々な思いや立場の人がいることも考えずに、自分の考えを押しつけてくるばかりの応援団とは、いったいどのような存在なのだろう。日本と同じく野球大国のアメリカでは個人がそれぞれ野球を楽しんでいる。もちろん応援団を否定するつもりはない。

応援団が意を決してエールを送る楽しみもあるだろうが、度を過ぎると他の観客に不快感を与えることも知ってほしい。そう思い、観戦に熱中する友人たちを残して、私は一人、球場を後にした。

●応援団マナー　どうか改善を

「応援の強要にしらけた観戦」を読み、昨夏、家族で行った東京ドームでの不快な記憶がよみがえりました。

二人の子供は大の巨人ファン。やっと取れた席はレフト側の外野席でした。それも相手チームの応援団の真ん前。試合の流れが巨人に傾くと、応援団はイライラが募ったのでしょう、遠慮がちに声援していた子供たちに罵声を浴びせ始めました。「あっちの席で応援して来いや」「クソガキ、殺すぞ」。それは聞くに堪えない暴言の連続です。

警備員が駆け寄ってきて応援をしないようにと。隣席の男性が「子供にそんな言い方をしなくてもいいでしょ」と言ってくれましたが、暴言を吐く応援団には何の注意もありません。

タダで入ったわけでもなく、けんかを売る気もありません。相手側での応援が禁止なら、あらかじめチケットに明記したらいいじゃないですか。すっかりしょげていた子供たち。サヨナラ勝ちに気を取り直してホテルへ向かいましたが、応援団のマナーの悪さにはあきれました。

セ・パ両リーグ会長への要望書

私は、二〇〇二年のプロ野球オープン戦が始まった頃から、これまでの禁煙運動の体験も踏まえて、鳴り物入りの応援のあり方を各方面に訴えるための具体的な行動を始めるに至った。

報道関係者はもちろん、セ・パ両リーグ会長に、次のような要望書を送った。

セントラル野球連盟会長殿
パシフィック野球連盟会長殿

野球場の応援についての要望書

米大リーグは、昨年、イチロー選手や野茂投手、新庄選手の活躍、さらに長谷川投手の動向など大いにマスコミを賑わせました。

そして、大リーグのゲームが度々テレビで放映されましたが、イニングの合間に多少の音楽が演奏されますが、打者がバッター・ボックスに入ると同時に一切の騒音などがなくなり、一投一打に手に汗を握る場面が伝わって参りました。

日本の野球も、昔はアメリカと同じでした。スタンドの面白い野次が球場全体に伝わり、ドッと沸く場面もしばしばでした。また、相手チームのファインプレーにも大きな拍手がおくられ、真に野球を楽しむ姿が見られたものです。

ところが日本では、全ての球場でトランペットやカネ、太鼓、メガフォンを打ち鳴らす〝騒音〟が響きわたり、真にゲームを楽しむ雰囲気など、全くなくなってしまいました。何とかこの〝騒音〟をなくして欲しい、もっと静かな環境で、拍手と肉声で応援したいと思っている方が、数多く存在するのではないかと考えます。

私は「鳴り物入りの応援合戦」は、本当は禁止して欲しいと思っておりますが百歩譲って、せめてイニングの合間に限って頂くことを提案したいと存じます。

ぜひとも、各球団オーナー、選手会などともご相談頂き、今年の公式戦から「球音を楽しむ球場」を実現させていただきたく、ご決断を心からお願い申し上げます。

プロ野球の応援合戦を問い直す会
「球音を楽しみたい会」(仮称)　渡辺　文学

これに対して、パリーグの会長、小池唯夫氏から丁寧な返事をいただいた。

前略、プロ野球の応援のあり方について、熱心なご提言をいただき、有り難うございました。

コミッショナーの所にも同じような意見が寄せられており、各球団とも内々話し合っているところです。

球団によってかなりの温度差があり、正直いってファンの声も賛否両論があることも事実です。パ・リーグでいいますと、オリックスは神戸グリーンスタジア(本拠地)では太鼓、トランペットなどの鳴り物は止める方針で、他球団に同調するよう協力を呼びかけています。恐らくそうなると思います。

理事会や実行委、監督会議、オーナー会議などもありますので自粛を望む強い意見があることを伝えたいと存じます。全廃を一挙に実行することは、現状では難しいと思いますが、改善の余地はありますし、少しでもご意向に沿えるよう努力したいと存じます。
禁煙の方は双手を挙げて大賛成です。タバコは健康にとって〝百害あって一利なし〟です。禁煙して二〇数年経ちますが、それが実感です。ご健闘を期待しています。

敬具
パリーグ会長
小池唯夫

多くのプロ野球ファンの方々が、応援の在り方に疑問を抱いておられる。プロ野球の発展のために、関係者の方々のこの問題についての真剣な検討と対策を切に望みたい。

「プロ野球の応援合戦を考える会」の結成をよびかける

一九九六年五月一五日、朝日新聞「声」欄に私の投書が載った。「野球の本当の面白さどこへ」と題する私の投書は次のような内容だった。

「先月、久しぶりにプロ野球観戦のため、横浜球場に足を運んだ。左翼側外野席だったが、トランペットと太鼓、メガホンの騒音には本当に参ってしまった。さらにひっきりなしに漂ってくるたばこの煙で、まさに『忍の一字』の野球観戦だった。

昨年から、野茂投手の活躍でアメリカ大リーグの試合がテレビでたびたび観戦できるようになった。そこでは、手に汗を握る緊迫したゲーム展開があり、球場全体が一瞬『シーン』となるケースもしばしばで、野球の本当の面白みが味わえる。

日本でも昔は、大リーグと全く同じだった。緊迫したゲームでは、球場全体が本当にシーンと静かになり、その後のヒットやファインプレーに大きな声と拍手で気持の良い応援が行われていたことを思い出す。

いま、日本の球場では全イニング、盛大な騒音をまき散らし、『手に汗握る緊迫した場面』など味わう機会はほとんどない。どうか、野球発祥の地、アメリカを手本に、楽器や道具による『騒音』の原因となる物は持ち込み禁止にしていただきたい。

また『喫煙』も、観戦者の中には、たばこの嫌いな人がたくさんおり、どうしても吸いたい人には、他人の迷惑にならない場所に喫煙所を設け、スタンドは禁煙とすべきではないか」

この投書に対し、元プロ野球評論家の佐々木信也氏が一七日の同じ「声」欄で、「自然な姿での応援こそ本当」と題して、私の意見を全面的に支持して下さった。

そこで私は、この機会に「プロ野球の応援合戦を考える会」を発足させようと、佐々木さんの電話番号を調べ、連絡を差し上げた。すると佐々木氏も乗り気で、千代田区九段下のグランドパレスホテルで、まず最初の相談を行った。その後二、三度お会いして、具体的な作業に入ろうかと思っていたが、佐々木さんも私も、いろいろ仕事が忙しく、タイミングがうまく合わないまま、発足のチャンスを逃して今に至っている。

今年に入り、大橋巨泉氏にもアプローチしてみた。豊田泰光氏の『憂球』の中で、「鳴り物批判」が書かれていたので、それをコピーして巨泉氏の事務所に届けておいた。すると、ご丁寧にニュージーランドからＦＡＸが送られてきて、次のように書かれていた。

「豊田泰光氏や貴兄の応援団反対の論旨ですが、私はもう長い間反対をつづけてきました。実現されないので日本のプロ野球を見捨て、メジャーに走りました。詳しいことは、拙著『こうすりゃよくなる日本のスポーツ』に書いてありますので、ご笑読下さい。事務所から一冊送らせます」

翌日、マネージャーの阿由葉哲哉氏から電話があり、「お届けします」とのこと。ちょうど九段下駅と私の事務所の中間地点に、巨泉氏の事務所があるので、「私が伺います」と言って、すぐに足を運び、この本を頂いてきた。

私は、早速「日本の野球ファンを見捨てないで下さい」とＦＡＸさせて頂いたが、大リーグを見慣れてしまった巨泉氏には、もはや日本のスタンドの喧騒には、愛想をつかしてしまわれたのだろう。

これで、佐々木信也氏、大橋巨泉氏と二人の会長候補が消えてしまったので、これからは豊田泰光氏かあるいは他のネームバリューのある方に白羽の矢を立てて、何とか「鳴り物追放」を実現させるのが、私の夢となっている。

どなたもなり手がなかったら、その場合は言いだしっぺとして、私が当面「事務局長」となり、会の名称は「球音を楽しみたい会」としたいと考えている。

野球を楽しむ——私の野球歴

ここで、私の〝野球歴〟を振り返ってみたい。

私は、小学校三年までは、福島県の山奥、会津田島からさらに入った桧沢村というところで過ごした。四年～六年生の一学期までは神奈川県藤沢市の鵠沼海岸に住んでおり、六年生の夏休みに、世田谷区桜丘に越してきて、現在まで五〇余年、ここで暮している。

野球を覚えたのは、この時期である。毎日、毎日、近所の中学生、同期生、後輩などと三角ベースの野球をやっていた。

当時は、グローブもボールもバットもろくな道具はなかった。それでも、休みの日などは、朝から夕方までその三角ベースの野球を楽しんでいた。たまたま自宅が、中学校のすぐ横にあり、生け垣を一歩出れば、そこが中学校のグラウンドだったのである。

その頃の私は、あまり運動神経は発達しておらず、鉄棒、かけっこはもとより、他のスポーツもほとんどクラスの下の方にいた。

ところが、中学生なってから野球部に入り、毎日野球をやっているうちに、鉄棒も出来るようになってきて、走るのもだんだん早くなってきた。その頃のポジションはレフトだった。守備範囲も広くレフト線の当たりや、左中間の当たり、レフト前、レフトオーバーの打球にも素早く反応して、〝名外野手〟と見られるようになってきた。

その当時、二、三年生にとても上手な選手がいて、なかなか試合には出られなかったが、それでも補欠選手として、熱心に野球をやっていた。授業のない日は、もっぱら近所の上級生や下級生たちと三角ベースである。なにしろ、一歩出れば、すぐ中学校のグラウンドなのである。

当時、すぐ前の家に小松一郎さんという先輩がいて、この人がひまさえあればノックをしてくれた。外野フライに対するスタートとキャッチングがうまくなったのには、このイチロー氏のノックがあったことは間違いない事実である。

三年生になって、レギュラーとなった。レフトを守り、一番バッターだった。世田谷区の学校対抗試合では、かなり良い成績を残していた。

また当時、年令制限が一六歳までで、警察庁が主催する「全国少年野球大会」というのがあり、桜丘中学校の選手を中心に「桜丘シーグルス」というチームが活躍していた。私はこのチームにスカウトされ、中学校とかけもちで野球を楽しんでいた。

高校は、都立千歳高校に進んだ。そこに、桜丘中学校時代の名選手だった小田譲氏(現彫刻家)がいたのである。

私は、背も一メートル六〇センチ、体重はその当時五五キロ位という小柄な体で、高校で硬式野球をやるつもりは全くなかったが、小田先輩から執拗に入部を勧められ、ついに首を縦にふってしまったのだ。

当時の千歳高校は、都立高校の中でもかなり強い方で、近年、都の予選で毎年優勝候補の私立高校、修徳や桜美林、久我山などにも勝っており、神宮にも駒を進めていたのである。

私の高校でのポジションはセカンド。部員が少ないこともあって一年生の時からレギュラーとしてゲームに出ていた。打順は二番だった。

ところで、困ったことが起きてしまった。「桜丘シーグルス」の少年野球である。高校で硬式野球部に籍を置きながら「シーグルス」ではエースとなってしまったのだ。千歳高校野球部の朝倉主将や小田先輩が自宅に訪ねてきて、両親を交えていろいろと話し合ったことも苦い思い出として残っている。先輩たちには随分迷惑をかけたし、怒られた。

しかし、色々と理由をつけて、結局少年野球の夏の大会で世田谷区の決勝戦まで、エースとして、また二番バッターとして攻守に活躍し、決勝で一対〇で敗れるまで、少年野球を楽しんだ。

その当時の記録が、桜丘シーグルスのマネージャーを引受けて下さった稲葉睦氏（現在世田谷区経堂で歯科医師開業）によって詳しく書かれており、なぜか私の手元にその貴重なノートが残されていたので、時々そのノートを開いて、当時を思い出している。

この年の私の成績は次のようなものだった。

●打撃成績

【試合数・一〇試合／打数二七／一一安打（四割七厘）①／得点一九①／四球一九①／三振一／盗塁一四①】

●投手成績

【四勝一敗】自責点一・二

その後、千歳高校での二、三年生時代は、熱心にグラウンドで汗を流した。当時のピッチャーが軟投ということもあり、レフト方向への打球が多かったので、私は、中学時代のレフトに戻り、野球を楽しんでいた。

そのころ、早稲田大学の硬式野球部に千歳から二人の先輩が行っていた。三年生当時、しばしばコーチに来ていただき、貴重品だったボールなどを持ってきてくれた。

その二人の先輩が、早稲田野球部に来いという。高校でも躊躇したくらいだから、まさか大学で硬式野球など……とも考えたが、好きな道でもあり、思い切ってチャレンジすることとした。

結果的に第二文学部に入学できて、三月から練習にも加わった。

しかし、野球部では、同じセカンドのポジションに七人もいるのである。同期には、後に大洋ホエールズなどで活躍した近藤昭仁君（現在評論家）がおり、また、甲子園に出た高校の有名選手などが沢山いて、とてもベンチにも入れそうもない。しかし、安部球場でとにかく四年間、練習だけは熱心に出たのである。

社会人となって

大学四年の秋、一九五九年は、ちょうど高度成長経済の入り口で色々な企業からの入社要請があった。モータリゼーションの波に乗って、東京日産自動車販売㈱から、早稲田大学野球部にも、四、五人の求人があった。同期のメンバーと相談してこの会社を受けることとし、当時の本社があった溜池の人事課を訪ねた。

その頃東京日産は、野球の業界対抗に力を入れており、大学野球部から多数の選手をとった年だった。他大学では、明治、立教から各二名、その他の大学から数名など、全部で十数名の野球部出身者を入社させたのである。

一九六〇年の春のシーズンでは、自動車健保組合主催の大会で優勝した。また、東京都の大会とか、他のオープン戦などにも多数の役員が応援に駆け付け、また多くの女子社員の声援などもあって、野球部はモテモテだった。

私の「野球人生」は、したがって中学校三年、高校三年、大学四年、社会人三年半、合計一三年半の長きにわたったのである。

レッドパワーズに入る

それからしばらく、野球とはすっかり縁が切れてしまった。専らテレビ観戦で高校野球、プロ野球を楽しんでいたのである。球場の「騒音」に顔をしかめながら……。

ところが、ある日、友人の小若順一氏（日本子孫基金事務局長）から「ブンさん、草野球でメンバーが足りないから手伝って」と依頼を受けた。私が四七歳ころだったか。すでに二〇年以上野球をやっていないし、昔のユニフォームもやっとボタンがかかるという有様だったが、押し入れのなかから見付け出し、ゲームに臨んだ。

それから一八年、すっかりレッドパワーズのレギュラーとして毎年二〇試合ほど野球を楽しんでおり、「二番・セカンド」は私の定位置となっている。

レッドパワーズのプレイング・マネージャーは声優の谷口節氏で、チームの主力選手は声優、俳優、作家など〝自由業〟のメンバーが多く、私を除けば、平均年令は三五歳位と若い（六五歳の私を加えるとぐんと高くなる）。

昨年のレッド・パワーズでの私の成績は次の通り。

【試合数・一五／打数四八／安打一三②（二割六分）／得点一一③／打点一三①／本塁打一①／四死球六③／盗塁四】（打点は、チームのトップでした）

「還暦野球」にも参加

今年の一月、桜丘中学校同窓会の新年会が開かれた。この席で、司会役の後輩、石綿宏充君から「文学さん、世田谷区の還暦野球に入りませんか」という誘い。私も昨年、ローカル紙の「世田谷新聞」に掲載されていた記事で、この還暦野球について興味を持っており石綿君も野球部の後輩ということで、今年から加えさせて頂くこととした。

チーム名は「シルバー・スネークス」。二月の寒い日に、練習に参加したが、高校野球、都市対抗などで活躍した選手も何人かおられるようで、水準はなかなか高い。しかし、春のシーズンは、登録が遅れ（一月末が締め切り）、公式試合は秋のシーズンからとなってしまった。しかし、練習試合には出場自由ということで、このほどユニフォームも送られてきたので、今シーズンはレッド・パワーズとシルバー・スネークスのかけもちとなり、忙しい年となりそうだ。

審判もやってます

レッド・パワーズのゲームに出場しているうちに、ある審判と懇意になっていた。ある日、その審判氏といろいろ話をしているうちに、昔、早稲田大学野球部時代、時々軟式野球の審判を頼まれたことを話した。すると、その審判氏は、手が足りない時、ぜひ球審をお願いしたいという。五年ほど前の話だ。

そして、その年から月に一試合位審判をやることとなった。草野球の審判は、一人で主審と塁審を兼ねるのだ。真夏の猛暑の日など七回戦を終えると、本当に干物のようになった気分だ。

しかし、ゲーム後のビールの味はまた格別である。

プロ野球の発展のために

さて、本論は「プロ野球」論である。音の暴力問題を何とかなくし「球音を楽しみたい」という気持からこの本の刊行に至ったが、音の問題以外にも、プロ野球が抱える問題は多い。

ＤＨ制はやめるべき

私はまず、セントラル・リーグとパシフィック・リーグで、野球のルールが違うのはおかしいと思っている。その筆頭はＤＨ制である。これはやはり、セ・リーグ方式にすべきではないか。もともとピッチャーが打席に立ってヒットやホームランを打つ、その意外性が面白かったのだ。

昔、名投手は優れた打者でもあった。金田、藤本、別所、稲生などの名投手の痛烈な打球を覚えておられる方は、まだまだ多いと思う。現在でも、巨人の桑田投手の打率は、三割近く、昨年、代打で登場してバスターで三遊間ヒットを打ったことは記憶に新しい。

今年、阪神タイガースのムーア選手は、何と打率四割を超える「強打者」である（五月末現在）。巨人戦で一対〇で勝ったゲームはムーア選手の投打にわたる活躍だったことは、特筆される出来事だった。このような〃意外性〃の野球も、パ・リーグでは起こり得ないのだ。

また、指名打者というのは、一試合に三回か四回バッターボックスに入って打つだけであり、野球をやっているという感覚がないのではないか。打って、守って、走って、投げてというのが「野球」であり、ＤＨ制は、投手も打者も、その可能性を殺しているとしか思えない。

引き分けについて

次に「引き分け」である。大リーグは、何回になっても決着がつくまでやっている。セ・リーグは、一昨年まで一五回戦ということだったが、昨年は何と三回も短くしてしまって、一二回で引き分けとしてしまった。改悪である。また「引き分け」が微妙に影響してペナントレースの行方まで左右することもある。こんな不合理な制度は直ちに改善して、引き分けそのものをなくすべきではないか。ナイターでどうしても決着がつかないということであれば、再試合か、または延長戦の続きを実施することとし、とにかく勝ち負けをハッキリさせるのが重要だと思う。

試合時間について

一昨年、セ・リーグの平均試合時間は三時間一七分、パ・リーグは三時間二三分となっている。いかにも長い。まず、バッテリーのサインである。いろいろ組み合わせて、複雑なサインとなっていることは、テレビの画面でもハッキリわかるが、もっと簡単なものに出来ないものか。バッターも、いちいちサインを見るために、三塁コーチやベンチの方を覗いている。また、ボックスを外すケースも多すぎる。

ピッチャーの牽制も長くなる一因だ。評論家の豊田泰光氏は、ランナーを殺す気のない牽制はやめるべきだと厳しく指摘している。敬遠の四球も問題だ。これは、キャッチャーが審判に「敬遠」と告げたら、バッターはすぐに一塁に走ってゆけばすむ話だ。

監督やコーチが、のこのこピッチャーのところに足を運ぶのもやめて欲しい。一試合に一回とか二回に制限すれば、スピードアップにつながるはずである。

これらを総合して、さらに審判にスピードアップの権限を与えたら、多分二時間半を切ることと思う。せめてこれくらいが、スポーツを楽しむための条件となってもらいたいと思う。

サッカーやラグビーは、ハーフタイムを入れても九〇分〜一〇〇分であり、二時間以内は初めから決まっている。野球だけが、ダラダラと三時間、場合によっては四時間、五時間などというのは、もはや我慢の限界を超えていると言えよう。

もっとデイゲームを

野球は本来、青空の下でやるのが最も好ましい。大リーグでは、土曜、日曜は「デイゲーム」を中心にペナントレースが展開されている。日本でも、昔はデイゲームが多かったのではないか。

子供連れで、グローブ持参で内野席、外野席に座り、ファウルボールやホームランボールを捕る楽しみを重視して欲しい。

翌日の学校を気にしながら、遠くから見に来ている児童・生徒にとって、ナイターで九時、一〇時になってしまうのでは、安心して観戦できないではないか。将来のプロ野球ファンを大事に育てる上でも、土・日曜のデイゲームはぜひ実行して頂きたい。

予告先発は廃止せよ

この「予告先発」を行っているのは、パ・リーグだけである。先発投手が右か左か、上手投げか、下手投げかによって、バッターの打率が相当違ってくる場合がある。それまで、当日のゲームの直前にならなければ、先発メンバーは発表されなかった。そして、これも〝推理する楽しみ〟の一つだったのである。それをパ・リーグはなくしてしまった。

パ・リーグの予告先発は、初めは開幕戦と日曜だけのファンサービスだったが、九四年から全試合がそうなってしまった。

翌日の先発がだれかわからないからバッターはいろいろな対策を練るわけであり、自分の苦手な投手が出てきた場合を考えて、技術を磨くのだ。それが、前日からわかってしまえば、苦手投手の場合自分の出番がないと諦めていたら、進歩が望めないではないか。

パ・リーグのレベル低下は、この予告先発とDH制にも大きな罪があると私は思っている。

ビールかけについて

数年前、ダイエーが優勝した際に、事前に中内オーナーとコミッショナー、そしてアサヒビールの会長樋口広太郎氏に、「ビールかけはやめて欲しい」旨の要望書を送ったことがある。

九月下旬だったたか、私の自宅に樋口氏から電話があった。すぐに妻が私の事務所の番号を伝え、樋口氏から電話が掛かってきた。

樋口氏は「ビールかけ禁止、大賛成です。中内君ともよく相談しましょう」とのこと。

そのシーズン、結果的にビールかけは中止された。その代わり、ダイエーブランドで炭酸水の「祝勝水」を作り選手はその水を優勝記念パーティーでかけ合っていた。

まあ一歩前進とは思うが、何も頭から水をかけあって喜ぶこともあるまいと思うが、いかがか。

このとき、セ・リーグコミッショナーと巨人ジャイアンツだったか中日ドラゴンズからは、何の回答もなかった。

こんな馬鹿げた風習は、ぜひなくすべきと思うが、シーズンの終盤で優勝候補チームの選手が、盛んに「ビールかけをやりたい」などとコメントしているのを聞くと、情けない気持になってしまうのは私だけではないはずだ。

もともとビールは「飲むため」に作られているものであり、頭からかけあうあの馬鹿げたセレモニーは、直ちに中止すべきである。青少年の教育上も良くないことは論を待たない。

これについて、コミッショナーやオーナー会議がまったく黙認していること自体、おかしなことではないか。

審判への暴行は絶対ダメ

日本のプロ野球を見ていて、最も不愉快なのは、審判、特に球審に対するクレームである。ストライク、ボールの判定はもとより、本塁上のクロスプレーを巡って、選手、コーチ、監督がその球審に詰め寄って、時には手で突き飛ばしたり、膝や足で蹴ったり、体当たりして文句をつける。もちろん、ひどいケースでは「退場」というコールと身振りで、暴力をふるった監督やコーチをベンチから追い出す権限を審判は持ってはいるが、ファンの目やマスコミ報道はほとんど審判を支持していないのが当り前となっている。

その点、アメリカ大リーグは違う。不服な判定に対して、クレームをつけるケースはあるが、その際の態度は、手を後ろに回し、顔だけを審判の顔の前に突き出して、鼻と鼻がくっつくぐらいの距離で文句を言っている。時には、ホームプレートに砂をかけたり、ベースを引っこ抜いて投げつけたりして、スタンドの爆笑を誘うこともあるが、めったに審判の体に触れることはない。もし審判をど突いたりしたら、アメリカでは退場だけでは済まない。何試合かの出場停止や高額な罰金、または暴行の程度によってはそのシーズンの出場停止もありうるという。

以前、デミューロという審判が来日、セ・リーグで何試合か審判を務めたが、中日ドラゴンズから暴行を加えられてアメリカに帰ってしまった。そのときのアメリカの論評は

「こんな野蛮なことをしている日本の野球は信じられない」というもので、大橋巨泉氏もコラムで厳しく指摘していた。

これは全てのスポーツ競技に言えることだが、審判が存在するからゲームが成り立つのである。その審判の判定に対して、例えばラグビーは、一切のクレームを認めていないし、他のスポーツでも、その判定を巡って「審判に暴行を加える」というケースは、日本では見たことがない。

草野球では、審判にクレームをつけるケースはほとんどない。私自身現役選手として、月に数試合草野球を楽しんでいるが、これまで十数年間、チームとして審判に文句を言ったことは全くない。

また、年間何試合か審判を依頼されているが、これまで私の判定にクレームがついたゲームはゼロである。

まあ、高校野球、大学野球でも、審判の判定に対するクレームはほとんどないが、これがプロ野球となると、どうしてこんなにクレームが多いのか。審判への暴行は根絶すべきであり、コミッショナーやオーナー会議等でも、この問題に対してもっと真剣に対策を講ずるべきではないか。

ドラフト制度について

この制度は、特定の球団が高校や大学、社会人野球の優秀な選手を集めてしまい、戦力が不均衡となってペナントレースが面白くなくなってしまうことから導入されたシステムであるが、近年、逆指名など、本来の目的を逸脱した動きが目立っている。

アメリカ大リーグは「完全ウエーバー方式」で、前年の下位球団から順に優秀な選手を指名していくので、選手には球団選択の自由は全くないのだ。したがって新人選手は、メジャーリーグという野球組織に入る気持でその指名を受けることとなっている。そこで頑張って良い成績を続けると、FA（フリー・エージェント）の権利が貰えることとなっている。

日本の場合、逆指名（自由獲得枠）で好きな球団に入った選手はこのドラフト制度がなかったと同じことであり、そのうえFA権も貰えるという、全く矛盾した制度となっているのである。

特定の球団（巨人）だけが繁栄するいまの「逆指名」とＦＡの併用は速やかに解消し、若い優秀な選手が、米メジャーと同じに「プロ野球機構」に入るという形にすべきなのである。

選手会も「健全なプロ野球界の発展のために、ＦＡ資格取得期間の短縮と、逆指名権の撤廃」を要求している。機構側がこの要求にどう応えるのか注視したいと思うが、最大の障壁は巨人軍のオーナー「ナベツネ」こと、渡邉恒雄氏にあると、野球関係者、ジャーナリスト（読売・報知を除く）の一致した意見となっている。

テレビ放送について

「九回裏、ツーアウト満塁、ボール・カウント、ツー・スリー。得点は四対三。さぁどうなるか！」――正に手に汗にぎる緊迫した場面でも、「残念ですが、ここで放送を打ち切らせて頂きます」――これは極端な例だが、こんなシーンが年に何回かあり、視聴者は怒り心頭のはずだ。もしアメリカでこのようなことが行われたらそのテレビ局に実弾がブチ込まれてしまう、などと言われている。番組スポンサーの関係で、時間延長が出来ないならば、最初からそのゲームは放送しない方が良い。映画でも、ドラマでも、小説でも、最後の結末があるから成り立っているのではないか。

中途半端に〝時間切れ〟を繰り返している今の「野球中継」に、多くのファンが腹を立てていることは論を待たない。

「時間切れ中継」をなくすことは、現在の民間放送が商業スポンサーで成り立っている限り解決困難な問題だが、何とか知恵をふりしぼって、「完全中継」を目指して欲しいと思う。

なくせ「巨人中心主義」

これまで、多くの作家、評論家、ジャーナリスト、一般の野球ファンから指摘されているのが、この「巨人中心主義」である。

大橋巨泉氏も、テレビ現役のころは「野球は巨人、司会は巨泉」などと言っていたが、今は完全なアンチ巨人である。

テレビ放送、ドラフト制度をはじめ、プロ野球界のかかえている多くの問題点の元は、ナベツネこと、渡邉恒雄氏がからんできたと言っても過言ではない。

一番の問題点は、テレビ放送である。パ・リーグのゲームなどはほとんどオン・エアーされることがない。例えば、例年九月中旬以降のペナント・レースなどを考えてみても、セ・パ両リーグとも優勝争いをしているチームの試合は放送されずに、巨人の下位争いが全国ネットで流されているケースが目立つ。

アメリカ大リーグでは、野球が「国技」と言われているにも関わらず、テレビの全国放送は週に一、二回しかないという。日本のように、連日巨人戦を中継していることはなく、テレビ局が好ゲームを選んで放送するので、特定の球団に偏ることは全くないのだ。


ここまで、いろいろ書かせていただいたが、松井選手の大リーグ行きで、日本プロ野球の危機が叫ばれている。しかし、何と言ってもほとんど毎日ゲームを行っている一二球団の動向は、野球ファンの大きな関心事である。

その一二球団のプレーをもっともっと楽しみたいという切なる気持からこの本を出させていただいた。

どうか一人でも多くの真の野球ファンが、野球場の「騒音」から開放され、ひいきの選手の一挙手、一投足に手に汗にぎる場面を取り戻して欲しい。

「私設応援団」は、アメリカの応援のやりかたをつぶさに検討し「贔負の引き倒し」的な〝音源〟を禁止していただきたい。拍手と声の「自然発生的」な応援、声援を促すのが、真の応援団の役割ではないかと、発想の転換を求めたい。

II

鳴り物入り応援廃止論——球音を楽しむ

騒々しい野球応援は転換期に

武田五郎（元大洋球団社長）

今日、プロ野球は隆盛を極め、話題も多く、私たちを楽しませてくれていることは大変うれしいことである。

しかし、応援が年々エスカレートし、一部の人たちの応援が、野球を楽しみに球場に来られたファンのひんしゅくを買っていることも事実である。ドンチャンドンチャン、耳を聾(ろう)するばかりの騒音、試合の進行を妨げる風船飛ばし……これらは問題であろう。

そろそろ抜本的に考えなければならない時期にきているのではなかろうか。

かつて、コミッショナーの下田武三さんがプロ野球五〇周年を迎えるに当たって「日本を明るくするプロ野球」というテーマで、スタンド浄化のために異例ともいえる処置を考え、「応援三原則」を発表した。

一　他人に応援を強制しない

一　他人の耳をつんざくカネや太鼓を鳴らさない

一　他人の目を覆う、大きな旗や幟（のぼり）を振らない

そのうえ、下田さんは、行き過ぎた応援の全面禁止、違反者は退場処分とすることを打ち出されたが、残念なことに改善の様子はなかった。

一投一打に固唾（かたず）をのみ、試合の展開を見つめるファンもいることを考えてほしい。また、選手は、テニスにしてもゴルフにしても、せき払いひとつ、カメラのシャッター音ひとつでも気になるくらいの気持ちでプレーしている。野球だって同じように一投一打に集中しているのである。

初代文化庁長官を務められた今日出海さんが「ファンにも訓練が必要」という言葉を残された。この訓練とは、〝攻守交代とか、試合が中断されているボールデッドの時にだけ応援するように訓練したら〟ということではなかったかと思う。

強いものへの拍手、美しいものへの拍手、これがスポーツ応援の原点ではなかろうか。

野球を愛する人々のご意見を伺いたい。

産経新聞（二〇〇一年一〇月一二日）

三行半の下書き

井上ひさし（作家）

そばと寿司では、どっちがえらいか、どちらがおいしいかと聞く人がいたら、その人はバカである。どっちもえらいし、どちらもおいしいに決まっているからだ。比較できないものを比べるのは時間の無駄、愚の骨頂である。同じように、野球とサッカーと、どちらがおもしろいかを聞く人もバカの国から表彰されていいほど申し分のないバカである。どっちもおもしろいに決まっている。どちらもわたしたちが共有する大切な生活文化財なのだから、比べたりしては人間がせっせと磨きあげてきた二つのゲームにたいしてひどい非礼をはたらくことになる。

しかしそれでも、こう聞くことは許されるはずだ。

「あっちのそば屋と、こっちの寿司屋では、どっちがいい店かね」

このように話を具体的なところへ引きおろすなら、「日本のプロ野球とプロサッカーでは、どちらがおもしろいか」と聞いてもいいだろう。これなら比べることができる。そしていま、わたしはこう考えている。

「選手諸君は大好きだが、プロ野球のゲームそのものはつまらない。それよりもいまはプロサッカーの方がずっとおもしろい」

いったいなぜ、こんなことになってしまったのだろうか。

日本のプロ野球は、永い間、それでは先行きがないと言われつづけてきたのに、依然として企業が主役の野球であって、市民の対抗戦にはなっていない。そこで当然、野球ファンの市民の声がちっとも反映しない仕組みになっている。そこがつまらぬ。

プロ野球のほんとうの姿とは、次のような形になっているのが望ましいし、じつはこれ以外に存在しようがないと思うが、どうだろう。すなわち、まず野球の大好きな市民がいて、次に彼らが大勢住む街があり、さらにそこには野球場があって、その野球場に球団が付属していること。つまり、すべての活力が、そこに住む市民の中から湧きあがってくるような仕掛けがないと、ほんものの力が生まれてこない。その新聞を読んだこともないのにその新聞社の持つチームを応援し、ハムなぞ嫌いなのにハム会社のチームの勝ち負けに一喜一憂し、そんなところに行ったこともないのにある電鉄会社のチームを贔屓にする、これでは力の湧きようがないではないか。

　もっと言うなら、そのチームの本拠地が一切の地域権を持たなくてはだめなのだ。地域権とは、試合の興行権、球場の使用権、売店の販売権、駐車場権、広告権、新聞その他への掲載権、放送権、放映権などを引っくるめたあらゆる権利のことである。市民たちが知恵を絞ってこの地域権を上手に使いこなして、「われらがチーム」をすてきなチームに作り上げ、他の地域のチームと鎬を削る……

　でも、なんのために？

　くどいようだが、そこからほんとうの活力が湧いて来、地域の自立が果たされるからである。アメリカのやり方がぜんぶいいとはとてもいえないが、こと野球については、なにしろ御本家だから学ぶべきことは多く、連邦政府や州政府が公共資金を投下して大リーグの球場を作ったり、球場付近の道路や駐車場を整備したりしているのも、人間が生み出した無形の文化財である野球を支えて行く唯一の勢力が、それぞれの地域で生きている市民以外にないことをよく知っているからだ。市民は「われらがチーム」のゲームに熱狂することで、地域の市民の意識と文化とを、じつはよく守っているのである。ひっくるめて、その都市のシンボルとして球場と球団が存在するわけだ。

そういえばこんな名言がある。大住良之さんの『新・サッカーへの招待』（岩波新書）で見つけた言葉だが、アルゼンチンを七八年のワールドカップの優勝に導いた名将セサル・ルイス・メノッティは、「八〇年代にサッカーはどう進化するか」という質問に次のように語ったという。

「サッカーという『もの』は存在しない。サッカーをする人間が存在するだけだ。これは愛情と同じだ。愛情そのものは存在せず、愛し合う男女が存在し（て、はじめて、愛というものが立ちあらわれ、そのことによって）人間として成長していく。進歩するのはサッカーではなく、サッカーをする人間の能力、すなわち、技術、インテリジェンス、勇気といったものである」

ゲームを観る人間を抜かしているのは残念だが、しかし名言であることにかわりない。いま住んでいる街の文化の有りようや生活の仕方をすべて注ぎ込んだ「われらがチーム」が死力を振りしぼって戦うのを真剣に観ることで、観客も「野球」そのものを体験できるのだ。

「われらがチーム」が観客たちの住む街の誇りをかけて戦っているとき、いまのプロ野球のような粗雑で悪質な応援はとうてい成立しないだろう。わたしが球場に行かなくなったのは、あの画一的な、ただ蛮声を張り上げるだけの、そしてのべつ幕無しの応援に我慢がならなくなったからだ。あれでは捕手のミットにおさまる球の音も、その球をバットで発止と叩く音も、塁間を疾走するスパイクの音も、そしてタイミングよく観客席からかかる穿った野次も聞こえない。こういった球の音や観客の言葉はこのゲームの本質的な魅力であるのに、それがもうすべて失われてしまった。

味方のピンチやチャンスのたびごとに、しんと鎮まり返る観客席、ピンチを防ぎきったときに観客席全体から湧きあがるほっと安堵の気配、美技や快打のたびに湧きあがるドーッという歓声。何万もの観客がボールの行方を一心に見つめることで生み出される球場の巨きな鼓動。このゲームの持つこれらの魅力を、あの応援団などとはとても言えない応援団が皆殺しにしている。そしてこれら野球殺しの犯人どもを相変わらず野放しにしているプロ野球のお偉方は、たぶん野球をただの勝ち負けの道具あるいは自社の宣伝道具に使っているだけなのだ。そういう人たちとはもうつきあってはいられない。

「われらがチーム」をこよなく愛することができれば、ごく当たり前に、他の地域の市民もきっと自分たちのチームについて同じように思っているだろうという気持ちがはたらいてくる。なにしろ相手がいなければ始まらないのだから、そういう心理になって当然である。そこで「共存共栄」という考え方が生まれてくる。また、球場が巨きく呼吸するためには、相手チームも強くなくてはならないから、「平等」という観念も発生する。

たとえば大リーグのドラフト（新人選抜）会議のウェーバー制を見よ。ご存じのようにこれは公式戦の下位球団から順に選手を指名する制度である。強者は一歩退いて、まず弱者に機会を与えよう。そうすることで全体の戦力を均衡させ、いいゲームを多くしようという戦略である。ただし、これだけでは行きたいチームに行けない選手に気の毒だから、フリーエージェント（ＦＡ）制度を併用する。これまたご存じのように、何年か同一球団でプレイした選手は希望する球団に移籍できるという仕組みである。

ところが、この仕組みが日本に入ってくると、新人選抜くじ引き制という珍妙なやり方に化ける。神だのみ、仏だのみ、運だのみのくじ引きで、プロ野球という巨大なビジネスがやっていけるものだろうか。適当にエンジンを作っておいて、あとは運だのみといって神様に手を合わせて新車を市場に出す自動車会社があったら、そんな会社は潰れるしかないだろうが、プロ野球のお偉方は、そういうバカ会社と同じ方法をとって恥じるところがない。

さらに大リーグには、収入分割制度という仕組みがある。大都市の名門人気球団の得た利益のうちの何割かを、人口の少ない都市を本拠地とする赤字球団に分けるやり方だ。もう一つ、サラリーキャップ制というのがあって、大リーグでは球団収入の約半分を選手の年棒にあてるという決まりがあるが、それを超えて高額の年俸を支払った場合、その超過分を罰金の形でリーグに納め、そのカネを選手年俸総額の低い弱小球団に回すという仕組みである。このように平等をルールに共存共栄を計るのが大リーグのやり方であって、これなども野球が市民の文化財だという覚悟とその実感があるからできることだろう。

しかも、大リーグの経営者たちとファンたちは、この共存共栄の思想をルールの中のルールにして、着々とパイを大きくしてきた。この数十年の間にチーム数がうんとふえたし、公式戦を東部、中部、西部の三地区に分けて、プレイオフやワイルドカードを設けて、ペナントレースをうんとおもしろくした。両リーグの会長職を廃止して、すべての権限をコミッショナーに集め、リーグ間の交流試合も実現して、市民たちを喜ばせている。

その間、日本のプロ野球のお偉方はなにをしていただろう。セ・パ一二球団制にただこだわって、「巨人が勝たなかったらプロ野球がだめになる」とお念仏を唱えているだけだった。

たとえば、東アジアリーグを組織して、その優勝チームを大リーグの覇者にぶつけてみよう、そしたらファンはさぞ喜ぶだろうと考える人が一人ぐらいいてもよさそうなものだが、そんなことはだれも考えていなかったらしい。この国のお偉方は、きっと野球とはちがうなにか他のものを興行していたのだ。

では、肝心のゲーム内容はどうか。より速く（あるいはより遅く）投げる、より遠くへ（あるいは巧みに）打つ、球より速く走る、球にすがりついて捕るというスポーツとは縁の遠い、そう、ただむやみにもったいぶった、もっさりした田舎歌舞伎芝居、そんなものをわたしたちは、見せられていた、それも途方もない騒音つきで。

その点では、サッカーの方がはるかにわくわくする。全選手の動きにつれてスペース（両チームの選手がいない地域）が生まれ、また瞬時に消えて行く。そのスペースを見つけてなだれ込む選手たちの動きはいつ見てもすばらしい。それにサッカーでは、プロ野球が無視しつづけてきた本拠地主義が生きているし、今日のこの試合が世界のサッカーへつながっているという国際性もある。

そんなわけで、わたしの興味は次第にサッカーへ移ってきていたが、日本のプロ野球にほとんど見切りをつけたのは、「ON、世紀の対決」というお囃子で盛り上がっていた去年の日本シリーズの第一戦だった。始球式にマウンドへ現れたのがシドニー五輪女子マラソン金メダリストの高橋尚子選手だと知ったとき、東京ドームの三塁側一階スタンドで見ていたわたしは思わず椅子から転げ落ちそうになった。

ほんの三ヵ月前、「五輪はアマチュアとパ・リーグでやってくれ」と言っていたのは、今日、東京ドームにダイエーを迎え撃とうとしている球団の御大将ではなかったか。ついでに言っておくと、ヤクルトのオーナーも情けなかった。五輪野球チームは、とくにヤクルトの古田捕手を必要としていた。松坂と古田のバッテリーを軸に五輪への出場権を得たのだから、古田が必要なのは当たり前である。だが、ヤクルトはついに古田を出そうとしなかった。そのときのヤクルトは、首位巨人と七・五ゲーム差、優勝の可能性はなかった。

素人が言ったのでは説得力がないから、七月一八日付朝日の記事(執筆・西村欣也)を引く。

〈セ・リーグでは巨人が前半戦を首位で折り返すことを決めた。セでは過去、前半首位の四十九チームのうち、三十一チームが優勝しているから、「優勝確率」は六三%。巨人に限れば、二十六度中二十二度優勝で八五%。さらに巨人が三・五ゲーム以上二位チームを話していれば、十九度すべて優勝しているから、(「優勝確率」は)一〇〇%となる。〉

プロの野球記者がこう言っているのだし、わたしにしても、昭和二五年以来の、国鉄時代からの熱狂的なスワローズファンだから、素人なりに、今年の戦力で首位との差、七・五ゲームをひっくり返すことはできないと思っていた。それならば、大好きな古田選手が五輪で活躍する姿が見たい。これは大方のヤクルトファンの声だったのではないだろうか。それなのにヤクルトのオーナーときたら、巨人の御大将の鼻息ばかりうかがっていて情けない……。そのときから、ヤクルトを飲むこと、そしてスワローズファンであることをやめて、黒木が投げて小坂が守るロッテに宗旨替えしたのだが、そんなことはどうでもいいとして、「五輪はアマチュアとパ・リーグでやってくれ」と言っていたチームが、そのホームゲームに五輪のスターを呼んできて始球式をさせるという安直なご都合主義がひどく癇にさわった。五輪に協力しないというなら最後までその態度を貫くのが筋というものではないか。

こうしてわたしは日本のプロ野球に三行半を突きつける気になったのだが、それでもやはりプロ野球はおもしろい。いま熱中しているのは、横須賀に本拠地を置く湘南シーレックスの試合である。簡単に言えば、このチームは横浜ベイスターズの二軍なのだが、あの非道な応援団がいないので、グラウンドの土を蹴るスパイクの音までよく聞こえるし、スタンドのあちこちからかかる気の利いた野次に笑うこともできる。なによりも頭上にひろがるのが青空であることがありがたい。……ということは、わたしの三行半は、下書きのままで終わることになるのだろうか。

『オール讀物』(二〇〇一年二月号)

一瞬の静寂こそが最上の瞬間　鳴り物応援はやめるべき

豊田泰光（野球評論家）

井上ひさしさんの息子さんが小さいころ野球に連れて行かれて、終わったあと「もう二度と来たくない」と言ったそうです。応援を強要されるし、メガホンをバッカンバッカン叩く、あれがうるさくてすごく嫌だと。彼は佐介くんというのですが、野球そのものは大好きで、将来は公式記録員になりたいそうです。そんな彼がいまは湘南シーレックスの応援に行っています。

「鳴り物の応援もないし、あっちのほうが楽しい」

日本のプロ野球の場合、観客にも改めなければいけない点があります。

例えば鐘、太鼓、ラッパ。こういうものは一切やめたほうがいい。メガホンなどは球場で売っているから始末が悪いのですが、それをひいきチームが負けるとグラウンドに投げ捨てて帰る。

〇二年タイガース開幕七連勝のあと、神宮球場で一敗した際に星野仙一監督が投げ込まれたメガホンを蹴飛ばしました。あれを見て、負けたことに対する怒りのように書いた新聞がありますが、あれはメガホンを投げ捨てて帰るファンに対して怒っていたのでしょう。

「こんなのは本当のファンじゃない!」

野球というゲームは一瞬の静寂が魅力です。緊迫した場面で、何万人もの観客が集まったスタジアムが一瞬の静寂に包まれる。作家スティーブン・キングも『ヘッドダウン』という作品のなかで書いています。

〝野球の最上の瞬間は、しいんと静まりかえったなかで、ときおり短く鋭く息を吸い込む音が聞こえるようなはりつめた一瞬である〟

いまの応援団はその最上の瞬間を楽しむ権利を自ら放棄してしまっています。自分が放棄するだけならまだしも、集まったすべての観客、プレーヤーから、その最上の瞬間を奪ってしまっている。これは、ほとんど犯罪と言ってもいいです。

九八年一二月一七日の読売新聞関西版にこんな記事が載っています。

〝イチローは契約更改の席で、球団側に対し、来季オリックスが主催するグリーンスタジアム神戸の試合で、太鼓やラッパなどを使った応援の禁止を提案し、球団側も検討する意向を明らかにした。イチローは、「日米野球のとき、鳴り物の応援がなく、バットがボールに当たる音や、ボールがミットに収まる音が外野まで聞こえてきて、よかった。グリーンスタジアムでもできないでしょうか」と提案したという〟

その後のイチローとブルーウェーブがどうなったか、みなさんよくご存じでしょう。

ジャイアンツは〇〇年に、選手会と応援団が話し合って、鳴り物応援を自粛してもらう「球音を楽しむ日」を実施。選手たちの評判は上々でした。

「守っていてストライクが入ると拍手がわくのがよく聞こえる。こんな新鮮に聞こえたことはない」（元木大介選手　〇〇年六月一五日『読売新聞』）

「声援ってこういうものだったんだなと思う」（仁志敏久選手　同）

観客の側も高評価でした。

「ピッチャーの投げる音がキャッチャーミットに入る瞬間の音、たまりませんでした。また、高橋と松井のファインプレーも静かだったからこそ生まれたものです」（〇〇年六月二二日『日刊スポーツ』）

「よいプレーには盛大な拍手を送り、悪いプレーにはブーイングすることで、球場に一体感があった。さらに、一球一球の集中力（緊張感）が増すことで、グラウンドとスタンドとの距離が普段よりも近くに感じられた。鳴り物を使った応援は、ある意味日本ならではのものであるわけだから、なくすことはないと思う。特にロッテや阪神などの応援を見ていると、一緒に応援したいと感じることもあるし、選手に大きな力を与えているのではないかとも思う」（同）

（『憂球』より）

日本の私設応援団はいらない

大橋巨泉

高校野球の間、このコラムは休みだったが、その間にメジャーリーグの試合を四試合も見に行った。すべてボクの好きな三つのチームの試合である。トロント・ブルージェイズの本拠スカイドーム、シアトル・マリナーズのセーフコ・フィールド、サンフランシスコ・ジャイアンツのパシフィック・ベル・パークの三球場へ行った。

フランチャイズ制が確立している米国では、ホームチームのファンが九九パーセントで、一塁側も三塁側もない。だから思い切って好きなチームを応援し、ヒイキの選手に声援を送れる。ボクが日本でめったに球場に足を運ばない理由のひとつに(最大の理由かもしれない)、私設応援団がある。個人の感情を無視し、団体でカネやタイコをガンガンやられるのが大嫌いだ。

応援とは、本来個人が恣意的にやるもので、こちらではオルガン奏者がきっかけのノート(音符)を弾くだけである。それもピッチャーがモーションを起こす前に、ピタリとやむ。あの投球と打球の間の、息をのむ瞬間が日本には無いのだ。ウエーブだって（トロントで一回やったが）、自然発生だからよいのである。今年の全米オープン、ペブルビーチの一八番で、タイガー・ウッズを迎えた大ギャラリーにウエーブが起こった。ゴルフ史上初めてのことだそうだが、あれも自然にでてきたからこそ感動的だったのである。

何事も、個人の自覚と責任において行うのが基本の欧米と、リーダーに引っぱられないと出来ない日本。たかがスポーツと言うなかれ。このメンタリティーを克服しないと、二一世紀の国際化時代に、日本は生き残れないと思う。他のファンの自由な観賞を妨げるという立派な理由があるのだから、ボクは私設応援団は禁止すべきだと信じている。

（『こうすりゃよくなる日本のスポーツ』より）

騒ぎたいならカラオケに行け

二宮清純（スポーツジャーナリスト）

球音を楽しむ日

六月一四日、東京ドームでのジャイアンツ対ベイスターズ一一回戦には、そんなタイトルが付けられていた。

これはジャイアンツ桑田真澄選手会長の発案によるもの。試合前には桑田選手会長の「ボールがミットに収まる音、バットがボールをはじき返す音をぜひ楽しんでください」というメッセージがオーロラビジョンで紹介された。この日、主催球団であるジャイアンツは両チーム応援団の了承を得て、鳴り物を禁止した。メガホンを使っての応援には自粛を求めた。ジャイアンツもたまにはいいことをやる。

結論から言えば『球音を楽しむ日』は大成功だった。ピッチャーの投げるボールがキャッチャーミットにおさまる瞬間の革の音が響き、江藤智や松井秀喜のホームランが飛び出した際には、硬球を打ち砕く〝キーン〟という破裂音が場内にこだました。野球は音のスポーツなのだ。

一一対〇とワンサイドで勝利したせいもあるが、試合後、長嶋茂雄監督はことのほか、ご機嫌だった。

「これが野球本来の魅力というか、すがすがしさを感じましたね。本当に野球の好きな方に喜んでもらえたんじゃないでしょうか」

言うまでもなく、メジャーリーグであれマイナーリーグであれ、米国の野球では鳴り物をスタジアムに持ち込むような不心得者はいない。そんなことをしたら〝騒音公害〟だとしてスタジアムからつまみ出されてしまうだろう。

過去に一度だけ、メジャーリーグで鳴り物入りの応援を目撃したことがある。韓国人ピッチャーのパク・チャンホがドジャースタジアムのマウンドに上がった時だった。

ロスのコリアンタウンから駆けつけたパク・チャンホの応援団がドジャースタジアムのレフト側スタンドに陣取り、ビニール棒のようなものを打ち鳴らした。パシャパシャパシャという奇妙な音が聞こえ、あまりいい心地はしなかったが、〝騒音〟というほどのものではなかった。

ところがこの国ではトランペットにタイコにメガホンと何でもあり。『球音を楽しむ』どころか『騒音に苦しむ』日々が続いている。機構や連盟、主催球団は見て見ぬ振りを続けている。

試合後、川島廣守コミッショナーは「野球が新鮮に見える。捕球音、打球音は野球のだいご味。これを機会に広まってくれれば……」と『球音を楽しむ日』にご満悦の様子だった。それだったら自らリーダーシップを発揮してスタジアムから〝騒音〟を追放すればいいではないか。このままでは暴走族の〝騒音〟に悩まされている住民の訴えに耳を貸さない警察署長と同じになってしまう。

私は繰り返し、スタジアムからの〝騒音追放〟を訴えているものだが、決まって次のような反論が返ってくる。

「おカネを払って球場にきているんだから騒いだっていいじゃないか」

「鳴り物入りの応援の方が一体感が出るし、こちらもストレス発散できる」

「一生懸命チームや選手を応援しているんだから、とやかく言われる筋合いはない」

〝騒音〟をまき散らす側が基本的に間違っているのはひいきチームはあっても、本当の意味で野球というスポーツが好きではないということである。騒いでストレスを発散したいのならスタジアムではなく、カラオケボックスにでも行けばいいじゃないか。あそこなら誰にも迷惑をかけることもない。夜通し騒いだって、誰も文句を言わないよ。

最近、一部メディアには住民運動や住民投票のたびに「ポピュリズム（大衆迎合主義）」と決めつける風潮がある。私に言わせれば、こういう球場内の〝騒音〟に耳をふさぎ「日本には日本なりの応援の仕方がある」「楽しんでいるファンがいるなら、それでいいじゃないか」と甘い顔をするメディアこそポピュリズムである。

『週刊金曜日』（二〇〇〇年六月二三日）

プロ野球を毒す騒音と強要

中田喜直（作曲家）

プロ野球は今や花盛りで、今年はセ・パとも非常に面白い。野球好きの私にとって、夕食中、あるいは食後のテレビでの観戦は、大変に楽しいひとときである。しかし、あのうるさい応援には全く閉口する。

原が満塁ホームランを打って、球場全体がうなるような大歓声、というのは自然発生的だから、どんなに大きくても苦にならない。各個人が自分の意思で自分の声で応援するのはいいが、徒党を組んで笛や太鼓をむやみやたらに打ち鳴らし、息をのむような場面で、下手なトランペットが鳴りひびくのは、全く興ざめである。

野球は、サッカーやラグビーと違って、動だけのスポーツではなく、ピッチャーが投げるところから、打者が打つまでの間は、静の場面になる。そこがまあいいところで、次の打った瞬間から動になり、そこで歓声が起こるのは自然だが、その前は静であるのが野球の本当の姿である。野球のよくわからない人たちが集まって、応援団ができているのだろうか。

例えばテニスで、サーブを打つときの緊張した一瞬に、笛や太鼓でドンドコドン、ブラスバンドでチャッチャカチャーとやったらどうなるだろう。テニスやゴルフでは、そんなやかましい応援はすべて禁止されているし、また、スポーツが本当に好きで愛情を持っている人は、静かに見ていて、素晴らしい場面のときに初めて大きな拍手をする。これが本当の応援である。

巨人がＶ９のころは、野球も今よりはずっと静かだった。日本シリーズでは、チェンジのときだけ、アメリカ軍のブラスバンドが演奏し、試合の最中に音楽が聞こえることは全くなかった。今は全然めちゃくちゃ、無責任で、礼儀もルールも全くない。

この応援の「騒音と強要」の不快感について、五月二〇日号の週刊『サンケイ』が〝何とかならないか〟という、正常な神経の人ならだれでも考えることを、大きく取り上げているのは当然である。

どうしてこんなひどいことになったのか。それは高校野球のせいであり、高校野球が日本の野球を堕落させたのである。もちろん、選手は一生懸命練習して、真剣にプレーしている。試合でのきびしいルールのほかに、日常生活での、他人の不行跡の責任まで取らされるという、戦争中の日本の軍隊のような非常識な規制まで受けている。ところが応援団の方はルールなし。試合中、したい放題の騒音合戦である。この大悪習慣がプロ野球に伝染して、コンバットマーチまでが入ってきた。

球場に行くと、応援団のそばではとてもうるさいし、一緒に拍手しないとおこられそうな雰囲気もあって、落ち着いて見ていられない。

この悪い風潮に対して、新聞や放送では批判するところがほとんどなく、反対にほめそやすことさえある。その結果、多くの人が騒音に無神経になり、他人への迷惑を考えなくなる。これは現在、社会問題になっている騒音公害の、大きな原因にもなっているのではないだろうか。

応援団がないと野球は出来ないのか。そんなことはないはずで、私は今の応援団なら、ない方がいいという考えだが、あっても仕方ないだろう。ただ、試合中は笛、太鼓は鳴らさないで声と拍手だけにし、チェンジのときにブラスバンドが演奏するような、礼儀と節度を持って欲しい。責任ある機関が、その点の規制やルールを作ったらどうだろう。

私は、野球が騒音応援団に毒されない、本来の最高に素晴らしいスポーツの形に、早く戻ってもらいたい、と思っている。

（『音楽と人生』より）

ナゴヤ球場

江口圭一（歴史学者　愛知大学名誉教授・日本近現代史）

中一で敗戦を迎えた。娯楽といえば映画、それにプロ野球であった。地元ということで自然に中日ドラゴンズのファンとなり、ナゴヤ球場へ通ってきた。

ナイターの最高の醍醐味（だいごみ）は夜空にアーチを描く白球、ホームランである。こればかりはテレビ中継では絶対味わえない。

けれども年とともに球場へ行くのがうとましくなってきた。応援ぶりが嫌になり、耐えがたくなったのである。

常に満員となる外野スタンドは、ライトからレフトにかけて五〜六、あるいはもう少し多くの集団に区分される。各応援団ごとに縄張りが決まっており、知らずに入った母子が追い出されたと怒って投書していた。

各集団ごとに指揮者がいる。その人たちは、試合中ほとんどグラウンドに背を向けて立ち、スタンドの方を向いて指揮に余念がない。その指揮にあわせ、集団は叫び、立ちあがり、吹きたて、たたき、撒（ま）く。

応援の集団化、組織化そしてお祭り化であり、プロ野球の高校野球化あるいはサッカー化である。ゲームではなく、集団的陶酔とそれへの参入が楽しまれている。

この応援ぶりは内野席にも波及してくる。周りのシートがスリコギのようなもので一斉にバンバンたたきまくられる。

私の嫌悪を増幅したのは、野茂の活躍を伝える大リーグの衛星中継である。そこには、それぞれにゲームを楽しみ、プレーを味わう観客の姿があった。

ナゴヤ球場は歴史を閉じ、ナゴヤドームへ舞台は移る。ドームも同じだろうか。いずれにせよ、さらばナゴヤ球場。

朝日新聞（一九九七年一月二二日）

野球は静かに味わおう

富永俊治（新聞記者）

「福耳ですね」と、よく言われる。自分で言うも何だが、耳そのものが顔のサイズに比べるとアンバランスなほどに大きく、通常人のそれに比べれば、両の耳たぶなど表面積が一・五倍ほどはありそうだし、肉づきもよくてコロコロしている。

その背をなでて吉事を祈る「撫牛（なでうし）」でもあるまいに、夜の酒場などでは、美女たちが「御利益にあやかりたい」とばかり、わが耳たぶをさわりまくる。いちいち拒否するのも面倒なので、やに下がりながら、さわりまくらせているのだが……。

「福耳」とは、耳たぶの大きな肉の厚い耳を指し、福相のしるしといわれる。が、福耳の持ち主でありながら、こと物質面に関する限り、わが人生は残念ながら「福」なるものとかけ離れたままである。懐中では、いつも貧乏神と疫病神がピーピーさえずりながら飽きもせずに運動会をやっている状態で、情けないったらありゃしない。

それはさておき、耳そのものが大きいことによるメリットもないではない。外耳部分が性能のいい集音器の役割を果たすために、音に聡（さと）いのである。自慢話めいて恐縮だが、ありていに言うなら、音を聞き取る能力が人一倍あるのだ。

百メートル先で針を落とした音だって聞き取れる、というのは真っ赤なウソだが、オーケストラや合唱などにおける微妙な音の狂いを〝発見〟するのはお手の物。何を隠そう（と、力み返るほどのことでもないが）、その特技が買われて、学生時代は男声合唱団の指揮者を務めたことだってあるのです。

だが、そんな聡い耳の持ち主にとり、花粉症に悩む人々にとっての「春」と同じように、何とも憂うつな季節がやってくる。

プロ野球開幕である。

何が憂うつかといえば、のべつまくなしに鳴り続けるトランペットの音がそれだ。たまに球場に足を運んでも、テレビ観戦でも事情は同じで、ゲームそっちのけの無神経な音は、私に言わせれば拷問にも等しい一大騒音なのである。

「ならば野球を見なければいいじゃないか」とおっしゃる方もいるだろう。だが、これが大の野球好きときているから手に負えぬ。やむなく音量を極端に下げてのテレビ観戦となるわけだが、ゲームに集中しようと耳をそばだてれば、今度は例の音が無遠慮に耳に侵入してくる。

笑われそうだが、好きな野球ひとつ見るのに、かくも神経をすり減らしているのだ。いったい、いつからだろうか、プロ野球が喧噪（けんそう）のもとで行われるスポーツに成り下がったのは。

すかさず「トランペットを鳴らす応援の、どこがいけないんだ」「球場でストレスを発散して何が悪い」といった反論が聞こえてきそうだ。

だが待てよ、である。

ショパンの甘く切ない旋律だって、聴く人によっては雑音であるのと同じように、例えば東京ドームを埋めた五万観衆の中には、わがもの顔のトランペットに苦々しい思いを抱いている人だっていることを、トランペッターたちにわきまえてほしいのだ。

グラウンドいっぱいにボールが前後左右するサッカーやラグビーとは異なり、野球はバッテリーと打者の駆け引きを中心に、推理の要素が極めて大きい球技である。

「自分が投手なら次はカーブ」「打者ならストレート狙い」といったように、自らが当事者となって一球ごとに息を凝らして見つめるところに、野球のだいご味の最たるものがある、と私は思う。さらには「カン！」という乾いた衝撃音や「シュルシュル」と地面を這う打球音の爽快（そうかい）さ……。残念ながら喧噪下の現在のプロ野球では、「カン」も「シュルシュル」も〝死音〟と化してしまっている。

そこで提案だが、どうしてもトランペットを吹き鳴らしたいのなら、攻守交代時にまとめて吹けばいい。打者ごとのテーマソングがどうしても必要だというなら、どうか肉声でやってほしい。大リーグのスタンドを思い起こすまでもなく、球趣を盛り上げるのに最も効果的なのが、肉声による応援だからである。

「勝った」「負けた」、あるいは「打った」「打ち取られた」という結果だけが関心の対象であるファンであれば、トランペットも気にならないだろう。しかし、結果にいたるまでの過程を楽しみたい向きには、今の球場の雰囲気は劣悪な条件下にあるといえる。

甲子園の高校野球ならいざ知らず、プロ野球はプロフェッショナルにふさわしい技術が売り物のはず。それを見ずして、ワーワー騒いでいるだけだとすれば、あまりにもったいない。プロ野球は技術を見る場であり、球場はお祭り騒ぎの場ではない。

誤解を恐れずにいえば、このあたりに日本のプロ野球ファンの観戦レベルの未熟さが感じられてならないのである。

やっぱり「野球」は静かに味わいたい。

産経新聞（一九九九年三月二三日）

かき消される「競技音」

増島みどり（スポーツライター）

「演出過多」の陰で……

羽田から高松空港に到着してから、さらに車で一時間あまり、待ち合わせの場所は、人気のまったくない山中だった。

「こんな寂しいところでお客さん、一体だれに会うんだい……」

「ハハハ、怪しいですか？　ちょっとまあ、特別な仕事なもんで」

こんな山林地帯で人と待ち合わせなんて……。ドライバーは笑いながらも興味津々、何か怪しげな様子で、ミラー越しにこちらをうかがうのだが、仕方ない。

取材の相手が、クレー射撃のシドニー五輪代表選手なのだから。

竹葉多重子選手は、クレー射撃のトラップという種目で五輪出場権を獲得し、このほど代表に決定したばかりである。

彼女との待ち合わせ場所である射場に到着すると、まず静寂に圧倒された。そして、射台から不特定の方向に飛び出すクレーの音、そして、その的を狙い、彼女が引き金を引く瞬間、さらに競技の合間にかすかに聞こえる規則正しい呼吸の音。これといって何の演出もされていないはずの場所には、スポーツのひとつの魅力、といっていい「音」が満ちあふれていた。

音がないのに、音がある。それがなぜこれほど新鮮に思えるのだろうか。

「なるほど、テーマソングなし、なわけだ」

一人つぶやいた。

一体いつのころからなのか、スポーツの実況中継に、「テーマソング」や「イメージソング」が登場するようになったのは。スポーツになぜ「イメージソング」が必要なのかは不明であるが、それに伴い、司会や解説者にも演出的要素が強く求められるようになる。とにかく切れ間なく「盛り上げる」ことばかりに神経を使い、静寂は許されないかのようだ。

中継だけではない。観戦の様子も変わった。

野球では試合の間中、鳴り物が響き渡る。バットが白球を空にはね返す音、ボールがバットをへし折る鈍い音やミットにボールが入る瞬間のしびれるような音。肝心の「野球音」

というものを、これらがかき消してしまうことが度々ある。見せる方、見る方、と双方の「演出過多」の陰でかき消えているのが、競技そのものが持つ、極めてシンプルな「音」の魅力である。

さて、二七日の夜は、イタリアの中田、名波、そしてスペインの城が海を越えて放つ強烈な音に魅了され、気が付くと夜が明けていた。

「何が違うって、音が違うんだよね。サッカーをやっている音。キックの時、パスの時、そうファウル受ける時も。ものすごく重い感じなんだ、それが腹にズシリとこたえたね」

フランスW杯で無得点に終わり帰国した時、城彰二は罵声（ばせい）と冷水を浴びた。そんな中、W杯で触れたワールドクラスの力を、「音」にたとえて話してくれたことを思い出す。

二七日のオビエド戦で移籍八試合目にして初ゴールを奪った瞬間の、かすかなキックの音、声にならないような叫び声に耳を澄ましながら、彼はきっと、彼だけに聞こえた「音」を、バリャドリードで懸命に追いかけているのではないだろうか、そう思った。（敬称略）

東京新聞（二〇〇〇年二月二九日）

球場における「自然の音」

工藤均（新聞記者）

今年三月末、米大リーグの公式戦が日本で初めて行われた。あのソーサ選手がいるシカゴ・カブス、「野茂の女房役」として有名なピアザ選手のニューヨーク・メッツ。日本人選手が本場でどんなに活躍する姿を見せつけられても、この迫力だけは永久に追いつけそうもない。

そう納得してテレビを見ながら、以前から何気なく感じていた事がふっと頭をよぎった。それは、画面を通して球場から伝わってきた「音」だった。

観客席から奏でられる球場内の「ザワザワッ」とした音、選手が駆ける「ザザッ」という音、ボールをたたきつけるバットのきしむ音、子どもたちがお目当ての選手に寄せる甲高い声色。そして、球場全体を揺るがすほどの歓声とため息も、いつもより何十倍も大きくなって跳ね返っていた。

理由は簡単だった。日本の球場につきものの笛や太鼓、トランペットなどの応援が全くなかったのである。すべてが「自然の音」。つくられていない音だけが存在していた。

より肌で感じたことがあった。一昨年秋、同じ球場で行われた米大リーグのオールスターチームと全日本チームとの試合を一塁側で観戦した。隣にいた子どもの叫ぶ声がよく響いたと思った。選手たちの声もよく聞こえた。二階席からの声援もしかり。すべての音が手にとるように感じられた。

よく見ると、外野席の応援がない。いつもは刺激を受けて〝追随〟する内野席はどうか、と見渡すと、今や二本そろえてたたき合うメガホンは、本来の「目的」である、声がよく届くためだけに使われていたような気がした。

激しい応援の音にかき消され、ビール片手にやじりまくるおじさんたちの檄ぐらいしか聞こえない、普段の姿に慣れてしまった日本野球には新鮮な姿なのだと感じた。しかし、このときは「不思議な感覚」とだけ残っていたのである。

日本人選手が大リーグで活躍し、衛星放送などで本場のゲームを堪能できる時代になった。

当初は迫力あるプレーに見入っていたが、妙な気持ちをずっと抱き始めていた。観客の応援は声援か拍手か口笛。グッズなど使われない。「作られた音」はほとんどなく、「自然の音」が球場を席巻していた。やはり、「自然の音」はいい。三月の試合を見終わったとき、一年半越しでそういう思いを強くした。

同じ三月の大リーグ戦を観戦した一人に、作家の海老沢泰久氏がいる。その海老沢氏がある雑誌でこんなことを書いていた。

「自然の音や声は、ここ二〇年以上、日本の野球場では聞こえなかったものだ。それが久しぶりによく聞こえたので妙な気持ちになったのである。本当はそれが普通なのに、その状態に接して妙な気持ちになるというのはまったくおかしなことだ」

海老沢氏はもともと、球場に足を運ぶのが好きなファンの一人だった。だが、「座っているならば、(応援を) 強制するような応援団の姿がだんだんいやになった」と、球場から遠のいていったのだという。

なかには、静かに野球を楽しみたい人もいる。他人に強制され、仕方なく応援する人がいるはずだ。ファンなら、何らかのグッズを使って一緒に応援しないといけないような雰囲気を感じることが確かにある。

昭和五〇年代あたりから応援はヒートアップしている。笛や太鼓、トランペット……、最近では白いハンカチをぐるぐる回すものもある。「あれでは、〃白旗〃をあげているようだ」と相手チームに揶揄（やゆ）されようが、である。

海老沢氏によると、野球界にも自然の状態を好む人間はいた。「作られた音」を排除しようとしたのが、第七代コミッショナーの下田武三氏。昭和五九年に定めた「応援倫理三則」である。

その内容は、①他人に応援を強制しない②他人の耳をつんざくカネや太鼓を鳴らさない③他人の目を覆う大きな旗やのぼりを振らない――。六一年には②の事項にさらに、トランペットが加えられた。これらに違反したら、球場から退場しなければならないという厳しいものだった。

熱狂的な応援がすでに定着していた当時だ。当然のことながら、各球団側の反発などもあって実現しなかったというのである。野球協約が定める最高位者である人物の「提案」

は実を結ばなかったわけだ。

しかし、自然の音が少しずつかき消されてきているという現実も無視はできまい。大リーグで活躍する日本人選手がどんなに増えていっても、日本の中にはこれからも、「本場に追いつけ」という〝スローガン〟がまだどこかに必ず存在し続けていくはずである。まねでもいい。日本でもまずはやってみることだ。

応援団の「生きがい」を奪う気持ちはさらさらない。グッズを買うなとも言わない。使い方を考えてもいいじゃないか。

毎回とは言わない。ときには、笛や太鼓を使わない応援をする。応援は声と拍手だけ。あとはじっくり、何にも頼らず、応援するのだ。球場のアナウンスは「きょうは、『音』を楽しみましょう」と言ってほしいのである。

そうすれば、自然の音という珍しい光景に出合える。野球場の普通の姿がそこにある。自然の音の中での野球の楽しみ方。熱狂的ファン、応援団の方、どうぞご一考を——。

産経新聞（二〇〇二年五月一二日）

ラッパ応援は御免　自前の声で盛り上げよう

岡田忠（スポーツライター）

「日本のプロ野球を実感するのは、フィールドのプレーよりスタンドの応援スタイルだね」

米国オハイオ州シンシナティからやってきた友人の感想である。試合展開はそっちのけ、トランペットの伴奏で統制のとれた応援や、はっぴスタイルで踊る若者集団がよほど興味をひいたらしい。

球場は独立した社会である。熱狂的な集団や家族連れ、ひと仕事終えて駆けつけた人たちや仲良しグループ、恋人たち。さまざまな人が集まっていて、楽しみ方もそれぞれ違う。となると、鳴り物の応援は禁煙か喫煙かの問題に似てくる。

「ひとりでも不愉快なら、みんなやめよう」とするスタンスか、「ひとりよければ、みんないい」となるのか。

大リーグのほとんどの球場はトランペットなどの鳴り物の持ち込みを禁止しているか

ら、「嫌煙権」の行使に当たるが、ラッパが主役の日本は演奏そのものを楽しんで、それが今ふうの応援スタイルと思っているふしがある。

イニングの合間にしゃれたジャズ演奏が流れるのとは違って、毎シーズン、相も変わらぬ耳に突き刺すような音を左翼と右翼から交互に吹き鳴らされては、できることなら〝嫌音権〟を行使したい。

個人の主張がこもった肉声のパフォーマンスがもっとあっていい。大リーグでは人種差別と物議をかもしたアトランタ・ブレーブスの「トマホーク・チョップ」が有名だが、アメフトと二刀流の人気者、ディオン・サンダース（現在はＮＦＬダラス・カウボーイズ所属）の出身大学の伝統的な応援にヒントを得た自然発生的なものだった。

ユーモアあふれる、しゃれたひと声がスタンドを沸かせる。芝居でも大向こうの掛け声が舞台を引き締めるように、ファンの熱い叫びが選手を育てる。逆に、凡プレーには遠慮なくブーイングだ。古巣の近鉄に復帰してチームを引っ張るベテランの山本和範（三八）の好調の秘密は、

「スタンドの声援が打席のボクを後押ししてくれている」

からだそうだ。

実は、三三年余りのネット裏生活でのわたしの願望は、一度でいいからスタンドでビールのコップ片手に大声を張り上げることである。生涯現役が目標の身にその願いがかなうかどうか。

ともかく、おおらかに、そして感情豊かに、自前の声で応援したい。プレーのバロメーターは拍手と声援。試合を盛り上げるための鳴り物は必要ない。

野球好きで知られた米国の第二九代大統領、ウォーレン・ハーディングはこんなコメントを残している。

「野球の試合を見るときは、グラウンドと同時にスタンドも見るようにしている。そこにも試合の雰囲気があるからだ」

週刊朝日（一九九六年五月一七日号）

危険なファウルボール

生島淳（ノンフィクション作家）

東京勢としては一九九五年の帝京以来の優勝。初めて深紅の優勝旗を手にした日大三高には、東京勢らしくない「ワイルドさ」があった。準決勝、横浜戦が今年の甲子園の天王山だったように思うが、名前負けせず、最後の最後、疲れの見えた松坂大輔の後輩たちに、引導を渡した。

しかし熱戦の陰で、気の毒な事故が起きていた。新潟代表、十日町高のブラスバンド員である。この二年生の女子部員は応援中、ファウルボールが右目に当たり、視力回復が難しい重傷と診断されている。気の毒としか言いようがない。その一方で、こんなことも感じる。日本人の観戦スタイルが生んだ悲劇だとも。

ジョージ・ウィルの『野球術』（上・下巻文春文庫）や、スティーブン・キングの翻訳家であり、メジャーリーグ通としても知られる芝山幹郎氏と対談した際、こんな話になった。

「日本人は球場で弁当を食べる。両手がふさがっているわけです。これはファウルが飛んできた時、危険なことこの上ない。その点、アメリカ人はゲーム中はホットドッグか、ポップコーンを食べる。片手はいつでも自分の身を守ることができるんです。これは日本人とアメリカ人の球場での危機意識の差だと思う」

日本の球場にはボールよけのフェンスがある。アメリカにはない。日本のフェンスは何となく守られている気がしている。それに野球場に楽器が入るのは、東アジア諸国の特徴だ（おそらくその起源は東京六大学野球ではないか）。

事故にあったブラスバンド員は楽器を弾いていたのだろうから、もちろん両手はふさがっていただろう。攻撃中だったら、楽譜を見ていたかもしれない。まして、女性。危ない。この事故で大会本部では、次のような対策を取った。

▽出場校の控え部員にグラブを持ってバンドの周囲を警戒してもらう

▽バンドの位置を本塁よりのフェンス際に寄せる。

そして今後は甲子園球場と、大会中はフェンスを高くすることを協議していくという。

冗談じゃない。これでは根本的な解決にならない。あえて言おう。フェンスを高くするのではなく、なくせ。そうすれば誰だって警戒する。野球観戦がほかのスポーツに比べ、危険なことを認識するだろう。

おそらくファウルボールをファンにプレゼントしない習慣が、グラブを持参しない日本人を生んだ。長年のスタジアム側の姿勢が、野球の楽しみと守る手段を奪ってきたのだ。

こういう自分も、日本の球場でビールを飲むと、眠くなる。アメリカでアルコールを摂取しても、眼は覚めたままだ。きっと、自分の深層心理が日本ではゆるみ、アメリカでは常に緊張しているからだろう。

東京新聞（二〇〇一年八月二八日）

応援団の騒音公害、TV中継の尻切れ、これだけはやめて

高田実彦（新聞記者）

むかし、後楽園球場には「マドンナ」がいた。一塁側の外野に近いところに座る一人のご婦人が七回ごろになると立ち上がって、「ナガシマサーン」とか「オーサン」とひと声張り上げる。決してお若くないその声がよく響いて、場内のお客さんがどっと沸いたものだった。

そのくらいだから、乾いた金属的な打球音や、ファウルチップのキナ臭い衝撃音や、スパイクが芝生や土を蹴り上げる擦過音や本塁塁上の肉弾音、ネクストバッターサークルで二本で鳴らすバットの音が、鮮やかな現実感を持って耳に届いてきた。その動きにつれて大歓声がこだました。

いまは、どこの球場へ行っても四六時中、特にドーム球場では外野席で発せられる太鼓を元凶とする騒音が野球の音を奪っている。

応援団が場内へ持ち込む太鼓は、プロ野球機構と一二球団の応援団代表者が話し合って

「一個」に限定されているというが、これはもうやめにしたらどうだろう。トランペットはまだ味な調べがあるが、太鼓はプロ野球を討ち入りの場にしてしまっている。ましてやドーム球場においてをや。

そしてもうひとつ、「ビールはいかがですかア」と売り子が張り上げる大声。ビールを飲みたい人に大声で叫ぶことは無用である。

この二つの騒音公害が、野球場の空気を支配し、汚染している。ドームでは、迷い込んできた小鳥や蝶（ちょう）や月かかるムラ雲や、どこからか舞ってきた桜の花びらの風情は我慢する。せめて、野球の音くらいは聞かせてほしいものである。

球場へ行けない大多数のファンにも、試合を最後まで見せてほしい。昭和二八年八月二三日のNHKのナイター初中継いらい四十数年、昨今は多少「スポンサーのご厚意」があるようになったが、それでも尻切れ方式は堅持されている。

ドーム球場は雨で中止という不測の事態をなくしたのだから、同時にゲームセットまで責任を持って伝える工夫と努力が求められる時代だろう。画面の端っこに入れてもいいではないか。ノンフィクション作家の鈴木明氏は、ことしは阪神とオリックスのファンになるという。理由は「有線テレビで完全中継されるから」だという。

有線に入らなければ欲求不満が解消できないとは、ちょっと無情である。このことはテレビ局の問題というよりも、むしろ野球側の働きかけ不足の問題だろう。

ところで、セ・リーグは「賛歌・ビクトリー」「応援歌・燃えろ若き星」「連盟歌・六つの星」「闘魂歌・明日に賭けよう」という四つもの歌を持っている。

しかし一度も聞いたことがない。

大リーグには「野球場へ連れてって」という共通の歌があって、どの球場でも七回になると歌われる。

六一年目に突入したドームの中の野球時代。無粋な太鼓やただただガナリ立てる騒音の代わりに、各球団の応援歌とともに、みんなで口ずさめる歌があってもいいのではなかろうか。

東京新聞（一九九七年四月四日）

球音を楽しまない自由

藤島大（スポーツライター）

あなたを応援してくれる人々がいる。ありがたい。でも、応援の方法が、ちょっと自分の「美学」には反する。

さて、どうするか。

「もっとセンスよく、お願いします」。気弱な人間には、こんなことは言えない。

しかし、プロ野球の巨人軍の選手会は、勇気をふるった。「笛やラッパをやめてみてくださ い」と、あの血気盛んな「右翼の人たち」、つまり外野席の私設応援団へ要請したのだ。

桑田真澄選手会長らの尽力は実り、先週の水曜夜、東京ドームの横浜戦に、「鳴り物自粛」は実現する運びとなった。

仕上げは、もちろん、スタイリッシュな男、長嶋茂雄監督である。

「球音を楽しむ日」

日本一、影響力の強いコピーライターの傑作も完成して、試みは広く列島へ知られた。

当日。ネット裏ではなく、右翼外野席最後尾の通路で観戦してみる。

耳を澄ませば革のミットの発する反響が聞こえてくるはずだった。だが、正直に書けば、回が進むにつれ、せわしなくオレンジ色のメガホンぶつける乾いた音（これも鳴り物である）、それに巨人圧勝の展開に緊張を失った私語に周囲は包まれた。

オレンジの背中に「闘魂」。いつもはトランペットの旋律に陶酔する応援団はマナーを守った。ミスターに「球音を」と呼びかけられては、おとなしくするほかない。ぐっとこらえてわが身を合わせよう。なんだか餓鬼大将が、静かに教室の席についているような雰囲気もなくはなかった。

三年前の夏、ヤンキー・スタジアムで伊良部秀輝を眺めた。本場のスタジアムに私設応援団はない。あるのは「私」だけである。したい時に、好きな方法で応援する。伊良部の球速ほどの体重はありそうな隣の席の男は、一人でバリエーションに富んだやじを送り、七回、有名な国民歌「私を野球に連れてって」が流れるや、踊りながら歌い始めた。

これはラグビーだが、英国ウェールズの国際試合における応援は、あらゆるスポーツを通じて、たぶん世界一である。七万観衆は、自国がチャンスとピンチを迎えると、だれに強制されるわけもなく次々と聖歌を合唱する。試合前のロッカー室で、その歌声を耳にする相手チームには「一〇点のハンディが生ずる」と言い伝えられてきた。

翻って、わが日本国の応援事情は画一に過ぎる。のべつまくなしの笛太鼓。組織内の上下関係。サッカーは洗練の度を深めてはきたが、それでも「私」の影は薄い。観戦中にミネラルウオーターに口をつけたら、応援リーダーに「選手が頑張ってるのに水を飲むな」と怒られた。いささか旧聞だが、ドーハの悲劇のころ、そんな逸話をコラムニストが書き残している。

東京ドームであらためて感じたのは、「なんと野球を見ていない人間のたくさんいることか」である。左斜め前の若い男はひたすら線を引きながら本を読んでいる。失礼ながら書名を盗み見ると、医学生なのだろう、「よくわかる最新医学　うつ病」とあった。小林多喜二も苦笑する札幌名物「蟹工船弁当」を求める列。せっかく眼前に本物があるのに通路のテレビのモニター画面を見上げる人々……。

球音を楽しみたい者もいる。しかし、ラッパの鳴り響く、にぎやかな「家」で、飲み食いや読書（！）に励み、フィールドには背を向けて応援の合図を送りたい者もまた存在する。

観客を、だれが、いかにコントロールするかは、スポーツことにプロ競技における古くて新しい命題である。「球音を楽しまない自由」を抑えるのは簡単ではない。なにしろ「許される者」、かの長嶋茂雄にして「ファンがどう評価されるのか。私はすがすがしさを感じ、野球の原点を満喫した」と感想を述べるのが精いっぱいなのだ。

東京新聞（二〇〇〇年六月二〇日）

あとがき

私は、野球場の「スタンド禁煙（分煙）」を求めて八〇年代からさまざまな働きかけを続けてきました。最後まで残っていた甲子園球場が、今年三月九日のオープン戦からついに禁煙に踏み切り、これで一二球団のゲームは、全て煙害に悩まされずに観戦することが可能となりました。

禁煙（分煙）の措置は、まずドーム球場から始まりました。これは、映画館や劇場と同じ「閉ざされた空間は禁煙」という消防法の規定により実施された対策で、東京、名古屋大阪、福岡、西武、札幌の六つのドーム球場は、オープンと同時に禁煙（分煙）が実施されています。

屋外球場の禁煙は、まずグリーン・スタジアム神戸（今年からヤフーBB球場）と横浜市民球場が二〇〇〇年から実施しました。次いで千葉マリンスタジアムが続き、二〇〇二年からは神宮球場が三月のオープン戦から、そして広島市民球場が同年九月二九日のヤクルト戦から禁煙となり、残るは甲子園球場のみとなっていたのです。

「高校野球のメッカ」とも言われている甲子園球場がなぜ禁煙に踏み切れないのか、と地元の兵庫県喫煙問題研究会や医師、教師などからもずいぶん要望がなされていました。

私も、球場をはじめ、阪神タイガース、高校野球連盟など、関係機関に毎年申し入れを行ってきました。しかし、納得できる回答がないまま推移してきたのが実態でした。

しかし、神宮球場、広島市民球場が禁煙となった段階で、ただ一つとなってしまった甲子園球場の禁煙化について、私は、時間の問題と思っていました。そして、ついに今年三月から甲子園球場は禁煙となりました。

これで、プロ野球の全てのゲームがタバコの煙に悩まされずに観戦できるようになったわけですが、残念ながらもう一つ大きな問題が残されていたのです。それは、私設応援団が打ち鳴らすカネ、太鼓、トランペット、そして、ファンが打ち鳴らすメガフォンの「騒音問題」でした。

タバコの煙がスタンドからなくなった今年、野球ファンとしての私の関心は「鳴り物入り応援」に移りました。

今春、この本を書き始めたころは、まさか阪神タイガースが七月上旬などというとんでもない早さで、優勝の「マジック・ナンバー」が出ようとは、思ってもみませんでした。「一八年ぶりの優勝」を目指して、シーズンの終了まで全国的な〝阪神フィーバー〟が続くことでしょう。

ジャイアンツは、やはりチームの中心打者だった松井選手が抜けた穴が大きく、他チームも投打のバランスを欠いたり、主力選手の故障などで、あれよ、あれよという間にタイガースの独走を許してしまったようです。

パ・リーグは、上位三チームが混戦模様で、ペナント・レースは非常に盛り上がっています。ダイエーの和田、新垣両新人投手の力投、近鉄のローズ、中村両選手のバッティング、西武ライオンズ松坂投手の復活ぶりなど、果たしてどのチームが優勝するか予断を許さない状況が続き、最後までもつれるのではないでしょうか。

ただ、パ・リーグで心配の種が出てきました。「来シーズンからプレーオフ制度導入」というものです。この問題については、すでに豊田泰光氏や大橋巨泉氏も「絶対反対」の意向を表明しています。米大リーグと全く条件が違う日本で、このような制度を実施することは「自殺行為」と私も思っております。

まだ最終決定ではないと聞いておりますので、ぜひ、コミッショナー、会長、各球団オーナー、選手会は、識者の意見や世論の動向をよく見極めて「プロ野球界の発展」に水を差すような計画は、ぜひ白紙撤回して下さるよう心から要望しておきたいと思います。

さて本題は、「鳴り物入り応援」をいかになくしていくか、いけるかという問題です。阪神がこのまま優勝へ向かっていくとすれば(多分もう間違いないと思いますが…)、タイガースのゲームが行われるどこの球場でも、カネ、太鼓、トランペット、メガフォンの騒音問題は、エスカレートの一途を辿るばかりでしょう。しかし、本当の野球ファンはこのような事態を、深く憂えていることは間違いありません。

例えば、積年のトラファンである畏友後藤正治氏(ノンフィクション作家)は「先般甲子園球場のライトスタンドに座って観戦した。阪神の大勝に拍手しつつ、周りの若い衆の騒ぎにはやや辟易するものも覚えていた(中略)。屈折オヤジの冷や水であるが、いまのトラ騒ぎ、どこか違和感がついてまわる」(毎日新聞　二〇〇三年七月二一日)と苦言を提しています。

今回、球場の応援のあり方をめぐって、新聞、雑誌、週刊誌などに辛口の批判を展開してこられた多くの識者、ジャーナリストの方々から、エッセイ、コラムをこの本に転載させて頂きたい旨お願いの手紙を差し上げたところ、皆様から快諾を賜りました。

この「あとがき」は、ちょうど日米のオールスター戦が行われた直後に書きましたが、大リーグの「声と拍手の応援」そして「球音」を、私は心の底から羨ましい思いで見ていました。どちらのファンが、本当に「野球」を愛する人の態度なのでしょうか。

「資料編」にコミッショナー事務局、セ・パ両リーグ野球連盟、各球団事務所のリストを紹介しておきましたので、皆様からも、ぜひハガキ、手紙、電話などで「球音を楽しみたい」旨、申し入れをお願いいたします。新聞、雑誌への「投書」も効果的な方法です。

最後に残っていた甲子園球場の「煙害」が解決した今年、次は全ての球場で「音害」に悩まされずに、楽しく野球を観戦したいとつくづく思っております。

「球音を楽しみたい」という素朴な願いからスクラップを始め、新聞に投稿し、コミッショナーや球団への申し入れを続けてきた私ですが、ぜひとも本当の野球ファンの方々と手を携えて、「鳴り物入り応援」がなくなるまで、粘り強く訴え続けて参りたいと、決意を新たにしております。

この本を、一人でも多くの方々にお読み頂き、「球音を楽しむ時代」が復活するよう願ってやみません。

二〇〇三年七月

参考文献・新聞など（敬称略）

『音楽と人生』　中田喜直（音楽之友社）
『こうすりゃよくなる日本のスポーツ』　大橋巨泉（朝日新聞社）
『メジャー・リーグを楽しむ法』　大橋巨泉（講談社）
『騒音文化論』　中島義道（講談社＋α文庫）
『憂球』　豊田泰光（東邦出版）
『サムライたちのプロ野球』　豊田泰光（講談社＋α新書）
『野球は言葉のスポーツ』　伊東一雄　馬立勝（中公文庫）
『週刊金曜日』　二〇〇二年六月二三日号
『読売新聞』　一九九八年一二月二一日号「生活論点」　藤田崇文
『日刊ゲンダイ』　二〇〇〇年六月一六日号

【球音を楽しみたい会】（準備会）について

私は、一九九六年五月、朝日新聞「声」欄に「野球の本当の面白さどこへ」と題する投書を行いました(本文参照)。この投書に対し、野球評論家の佐々木信也氏が、全面的に賛同する投書をして下さったことから、何とかこの機会に「球音を楽しみたい」という思いを込めて、同じ考えをもつ方々に加わっていただき「騒音追放」の実現を目指したいと考えました。

しかし、なかなか佐々木氏と私の仕事の都合や、日程調節がうまくいかず、そのまま「火種」として残った状況になっています。

今回の『よみがえれ球音』の刊行をきっかけに、今度は本格的に「球音を楽しみたい会」をスタートさせたいと考えております。

当面、私が事務局を受け持ち、対外的なアピールを開始したいと思っておりますが、以下に簡単な会則（案）を掲載させていただきますので、ご意見やご提案などお寄せ願えれば幸いに存じます。

「球音を楽しみたい会」会則（案）

一、私たちは、プロ野球の観客席からカネ、太鼓、トランペット、メガフォンなどの「騒音発生源」の持ち込みをやめてもらうべく、関係各方面に働きかけを行う。

一、大リーグを見倣って、拍手と声援だけの応援を目指す。

一、「会報」を発行し、鳴り物入り応援について、世論に訴えてゆく。

一、当面の事務局を、千代田区飯田橋に置く。

〔事務局〕

〒一〇二―〇〇七二　東京都千代田区飯田橋二―一―四　九段セントラルビル二〇三

電話　〇三―三二二二―六七八一　ＦＡＸ　〇三―三二二二―六七八〇

（事務局担当）渡辺文学

資料編

【プロ野球連盟】

（社）日本野球機構コミッショナー事務局

〒101-0011　千代田区内幸町１－１－１ インペリアルタワー 14F

Tel　03-3502-0022

（社）日本野球機構セントラル野球連盟

〒104-0061　中央区銀座６－６－７ 朝日ビル３Ｆ　Tel　03-3572-1673

（社）日本野球機構セントラル野球連盟関西事務所

〒530-0056　大阪市北区兎我野町５-12 梅田グリーンビル３Ｆ　Tel　06-6312-9408

（社）日本野球機構パシフィック野球連盟

〒104-0061　中央区銀座６－６－７ 朝日ビル９Ｆ　Tel　03-3573-1551

（社）日本野球機構パシフィック野球連盟大阪事務所

〒550-0004　大阪市西区靭本町１－９-15 近畿富山会館５Ｆ　Tel　06-6443-1836

【プロ野球球団事務所】

東京読売巨人軍

〒101-8462　千代田区神田錦町３－３ 竹崎３－３ビル　Tel　03-3295-7711

（株）中日ドラゴンズ

〒460-0008　名古屋市中区栄４－１－１ 中日ビル６Ｆ　Tel　052-261-8811

（株）横浜ベイスターズ

〒231-0015　横浜市中区尾上町１－８ 関内新井ビル７Ｆ　Tel　045-681-0811

（株）ヤクルト球団

〒105-0004　港区新橋５-13-５－５Ｆ　Tel　03-5470-8915

（株）広島東洋カープ

〒730-8508　広島市中区基町５-25　Tel　082-221-2040

（株）阪神タイガース

〒663-8152　西宮市甲子園町１-47　Tel　0798-46-1515

（株）福岡ダイエーホークス

〒810-0065　福岡市中央区地行浜２－２－２　Tel　092-844-1189

（株）西武ライオンズ

〒359-1189　所沢市上山口 2135　Tel　042-924-1155

日本ハム球団（株）

〒106-0032　港区六本木６－１-20 六本木電気ビル６Ｆ　Tel　03-3403-9131

オリックス野球クラブ（株）

〒650-0023　神戸市中央区栄町通り１－１-18 三井住友海上神戸ビル３Ｆ

Tel　078-333-0062

（株）千葉ロッテマリーンズ

〒261-8587　千葉市美浜区中瀬２－６ ＷＢＧマリブ ウエスト 26F　Tel　043-297-2101

（株）大阪バファローズ

〒542-0076　大阪市中央区難波２－２－３ 御堂筋グランドビル５Ｆ　Tel　06-6212-9744

渡辺文学（わたなべ　ふみさと　通称 ぶんがく）

1937年　旧満州・ハルピンに生まれる。
1956年　都立千歳高校卒業（3年間硬式野球部で活躍）。
1960年　早稲田大学文学部卒業（4年間硬式野球部に在籍）。
同年卒業後、東京日産自動車販売（株）入社。同社野球部で活躍。
1970年　「公害問題研究会」結成に参画。月刊誌『環境破壊』創刊。
1977年　約20年間吸っていたタバコと絶縁（禁煙）した。
1979年　中田みどりさん提唱の「嫌煙権運動」に参加。
「嫌煙権確立をめざす人びとの会」代表世話人に。
1985年　「たばこ問題情報センター」設立、事務局長に就任。
1987年　WHO（世界保健機関）から『禁煙運動賞』を受賞。
1989年　『禁煙ジャーナル』創刊。編集長に就任。
1991年　平山雄博士に代わり、「たばこ問題情報センター」代表に就任。
1996年　「球音を楽しみたい」とささやかな取り組みを始める。
識者のエッセイや新聞投書などのファイルを開始。

著　書　『嫌煙の時代』（波書房、共編著）、『禁煙新時代』（虹出版社、共著）、『これを知ったらもうタバコは吸えない』（光出版、共著）、『タバコの害とたたかって』（大日本図書）、『「たばこ病」読本』（緑風出版）その他、医療・健康問題専門紙・誌への執筆多数。

よみがえれ球音——これでいいのか プロ野球の応援——

2003年8月10日　　初版第1刷発行

編著者——渡辺文学
発行者——平田　勝
発行　——花伝社
発売　——共栄書房
〒101-0065　東京都千代田区西神田2-7-6 川合ビル
電話　　03-3263-3813
FAX　　03-3239-8272
E-mail　kadensha@muf.biglobe.ne.jp
http://www1.biz.biglobe.ne.jp/~kadensha
振替　　00140-6-59661
装幀——真田裕子
イラスト——奥　啓介
印刷・製本—モリモト印刷株式会社

©2003　渡辺文学
ISBN4-7634-0406-7　C0036

花伝社の本

スポーツを殺すもの

谷口源太郎

定価（本体 1800 円＋税）

●スポーツの現状を痛烈に切る！

スポーツ界に蔓延する商業主義、金権体質。スポーツは土建国家の手段か？［推薦］鎌田慧　欲望産業になったスポーツ界を沈着冷静に観察分析した「反骨のスポーツライター」のたしかな報告。

スポーツ放送権ビジネス最前線

メディア総合研究所　編

定価（本体 800 円＋税）

●テレビがスポーツを変える？
巨大ビジネスに一変したオリンピック。スポーツの商業化と、それに呼応するテレビマネーのスポーツ支配は、いまやあらゆるスポーツに及びつつある。ヨーロッパで、いま注目を集めるユニバーサル・アクセス権とは。
メディア総研ブックレット No.5

丸刈り校則をぶっとばせ
—熊本・丸刈り戦争—

宮脇明美

定価（本体 1143 円＋税）

●丸刈り王国最後の戦い

全国の中学校の５％に、まだ残る丸刈り校則。時代遅れのおかしな校則は、こうすればなくせる。熊本県の一人の女性の勇気ある戦いの記録、痛快読み物。

パパとニューギニア
— 子供たちのパプア・ニューギニア
日本の中のパプア・ニューギニア —

川口　築

定価（本体 1700 円＋税）

●パプアに触れる

子供たちが触れた初めてのパプア。こだわりのパプア。パプア・ニューギニアがこんなに身近になった。多忙なビジネスマンが日本とパプアの深い関係を足で歩いて調べ上げた労作。

【新装版】足物語

木村　斉

定価（本体 1500 円＋税）

●感動の人間物語—波紋を呼ぶある高校教師の手記（青春・ユーモア編）

足の難病を克服し、スポーツにサッカー指導に教師生活に全力をぶつけたある教師の感動の人間記録。真の健康とは、生命とは、親とは、そして教師とは。序文　森繁久彌